与最聪明的人共同进化

HERE COMES EVERYBODY

U0672064

CHEERS

超级转化率

Bricks to Clicks

[美] 大卫·芬雷布 David Feinleib 著

吴馨 译

浙江人民出版社
ZHEJIANG PEOPLE'S PUBLISHING HOUSE

升级新零售，从优秀到卓越

作为电子商务控制中心内容分析平台（Content Analytics）的创始人和首席执行官，我有幸与世界上最大的品牌和零售商合作，帮助他们把线下店铺成功迁移到网络上。我们的客户来自很多不同的垂直领域，例如快速消费品（CPG）行业的宝洁、高乐氏和百事公司，服装行业的李维斯，电子产品行业的三星和劲量（Energizer），玩具行业的美泰（Mattel），零售行业的沃尔玛，等等。

在这个过程中，我们开发出了一种创新型的方法，帮助我们的客户成功在网络上上线。我们没有针对不同的小问题设计几十种解决方案，也没有设置纷繁复杂的电子表格和文件夹，而是为电子商务的分析（商业智能）、内容管理和报告带来了一种全方位、端到端的解决方案。

一些客户一开始只使用了一种提醒或报告功能，比如缺货提醒或竞品价格报告。还有一些客户使用了内容更新功能来改善在线商品的呈现效果。随着电子商务业务的扩展，我们的平台不仅为合作方提供了保障，在提高他们市场洞察力的同时，也扩大了他们的运营规模。

我们每天都会了解客户面临的挑战和机遇。根据他们在后台输入的信息，结合我们自己对于如何在快速发展和高度竞争的电子商务世界中取得最大限度的成功的认知，我们不断更新软件，并提供最新的培训和操作方式。

在《超级转化率》一书中，我会分享如何让公司成功从线下店面转型成电商，实现"点网成金"（bricks to clicks）的关键经验。如今，在美国电子商务已经占到零售业采购额的 10% 以上，对大多数供应商和零售商来说都是增长最快的业务领域。即使"点网成金"的转变已经发展了很多年，但是如今这种转变再次变得急迫起来。

你将了解到下列内容：

◎ 最成功的品牌和零售商是如何进行组织结构转型以解决电子商务的难题的，以及它们是如何利用电子商务来推动组织结构转型的；

◎ 如何低风险地将新型的高潜力技术平台引入你的公司；

◎ 计算机化的算法是如何颠覆传统的渠道管理的，以及如何重获这些算法夺走的一些控制权；

◎ 关键的电子商务指标是什么，以及如何测量它们；

◎ 如何在网上管理你的品牌，以及如何确保你的产品在许多不同的零售客户渠道中的品牌完整性；

◎ 最成功的公司是如何从线下店面转向线上运营的。我将这种公司称为"点网成金"（bricks to clicks）公司。

《超级转化率》这本书不会指导你如何建立自己的网店，也不会告诉你如何用空闲时间在网上卖东西赚钱。这本书关注的是如何实现公司的组织转型，从而成为电子商务行业的引领者，以及在转变中依靠流程和技术，帮助你的公司的电子商务从优秀（good）走向卓越（great）。写这本书很让我享受，我希望你阅读时也能一样乐在其中。

扫码获取"湛庐阅读"APP，
搜索"超级转化率"，
了解数据驱动零售的秘密。

前　言

升级新零售，从优秀到卓越 /I

01

新零售时代，催生组织变革 /001

02

从线下到线上，重获控制权 /029

03

跟踪与优化 6 大指标，让业务实现最大增长 /055

04

面向新型购买途径，重获反超先机 /097

05

06

07

下一个电子商务的风口 /183

08

09

01

新零售时代，催生组织变革

BRICKS TO CLICKS

WHY SOME BRANDS WILL THRIVE IN E-COMMERCE
AND OTHERS WON'T

如果外界的变化速度超过了内部的变化速度，那公司也就快走向终点了。

——杰克·韦尔奇，通用电气公司首席执行官

说实话，我在结束的时候才意识到这是一场销售会议。我们当时在一间传统的会议室里，里面有长方形的会议桌、办公椅，以及很多看起来非常严肃的人，这些人中大部分我都不认识。他们问了我很多问题，比如我们的总部在哪里，我们的平台有多少人，我们的平台是如何大规模运作的。

我环顾了一下这个房间，这些人彼此点头，轻声交换着信息。我不知道这场会议会以什么结果结束，他们会喜欢我介绍的东西吗？还是他们会把我赶出去，然后嘲笑我？

我还没有回过神来，会议就结束了。很多人在离开会议室之前，都向我表示感谢，甚至希望再次见到我。在几乎所有

人都离开后，带我到这里来的那个人向我走来。我想是时候了，他要过来否定我了。

但他却说："你觉得做一次实验性试销怎么样？你可以给我们发一份工作说明吗？"我轻轻松了一口气。棒极了，我们可能成功了！因为我可不是坐在什么其他公司的会议室里，而是坐在沃尔玛公司电子商务部的会议室里，这可是世界上最大零售商的电子商务部门。

回顾过去的 3 年，我们谈下来的合作都是从那天那样的会议开始的。如今，不仅我们的幻灯片被打磨得更精致了，我们还构建出了一个正被全世界最大的零售商和品牌使用的全方位平台——电子商务控制中心（Control Center for e-Commerce）。而且我们扩大了规模，分析了超过 5 亿种商品；而在与沃尔玛电子商务部的首次会议时，这个数字只有 5 000。

但我们的出发点一直没变：**与我们的客户分享他们无法从其他地方得到的专业意见，寻找愿景上的一致性，共同努力帮助客户实现从线下店面到线上运营的最优解决方案。**

我们把那些在转型中做得最成功的组织和机构称为"点网成金"公司。一般来说，它们的线上销售份额低于 20%，但还想做到更多。

赋能电商，成为"点网成金"公司

"点网成金"公司在以下这些方面做得很好：

◎ "点网成金"公司痴迷于实验。它们不会只尝试一种方法，而是会同时尝试很多不同的方法。电子商务是一个实验世界。

◎ "点网成金"公司适应速度很快。与我们合作的一家供应商在理论上认为，第三方卖家（市场上的卖家）的销售可能正在蚕食它们的增长。它们立即让我们开发了一项新功能，可以衡量市场上的卖家对它们的甲方业务的影响。事实证明它们确实是对的，现在有数据来证明它们的观点了。

◎ "点网成金"公司将电子商务上的增长看作不会消失的长期趋势。仅仅几年之前当我们与客户谈到内容分析平台时，有些人还会说电子商务的时机尚未成熟（尤其是杂货等领域），就因为还没有投入足够的钱来推动这一发展。而现在我们看到，同样这些公司已经有了专职干电子商务的董事和高管，很多公司已经建立完整的团队来解决电子商务的特定需求。

◎ "点网成金"公司应用技术来实现扩展。与我们合作的很多客户曾经都尝试过用人工的方式做品牌审查、品牌内容更新等活动，但一次只能做一款产品。它们发现这些流程无法扩展，更重要的是，会花费大量的人力成本来做营销、推销和销售任务。目前这些公司引入了技术手段来实现扩展，解放了宝贵的人力成本，让他们去做对公司更重要的事。

◎ "点网成金"公司减少周期时间，以便以互联网的速度运营。在成为"点网成金"公司以前，它们一般是每年做一次静态品牌审查，或者每年更新一次零售商网站上的产品内容。自从这些公司与我们合作之后，它们都利用了技术手段来缩短周期，每天都可以接收品牌审查报告、缺货报告和定价报告，以及更新内容。

◎ "点网成金"公司会使用电子商务来重塑工作流程、工序方法、平台和组织结构。从现在到未来 10 年内，电子商务不仅将改变网上的购物体验，也将改变实体店内的购物体验。

与世界上最大的公司合作

故事才说到一半。而故事的另一半是，"点网成金"公司的思想领袖不仅有看清电子商务未来的视野，还有兴趣和能力在整个组织层面上构建共识：**未来电子商务世界的竞争需要组织转型**。这个故事的主题是从我们与沃尔玛、宝洁、高乐氏、李维斯、美泰、三星以及其他很多引领世界的品牌的 3 年合作中涌现出来的。

个人认同我们的产品可以帮助他们在电子商务世界中运营是一回事，要让组织中的人全部同意引入我们的平台来帮助他们转型又是另一回事。而且，这种转型不仅要在公司内部进行，还要在所有供应商层面上进行。

现在，让我们回到沃尔玛的那个关键会议。那天，在我走出沃尔玛的办公楼时，我意识到了两件事。首先，世界上最大的零售商即将成为我们的首家付费客户。其次，我们最好开始构建自己的软件平台以支撑庞大规模的运营工作。为 5 000 个产品提供意见还好说，为 500 万个产品（而且很快就会变成 5 000 万种）提供意见的难度则要大得多，几乎要压上我们整个公司的命运。

当时我太激动了，以至于没理解那场会议的影响。现在回过头来看，沃尔玛做了一件了不起的事。它与一家还处于创业早期阶段的公司合作，以便提高获取所需意见的速度。它做了一些即使最灵活的公司也难以做到的事，那就是：冒险。

现在我们已经有一些引领市场的客户了，但那时候的情况并非如此。当时，与我们这样处于创业早期阶段的公司合作可不是什么小事。正如那句老话说的，从来没人因买 IBM 的东西而被解雇。① 与我们合作意味着让我们成为供应商，抽时间定期与我们会面，以及让公司领导相信我们能够实现其他公司不能提供的价值。

多年以来，人们一直在问我卖东西给大公司是不是很难。答案是，如果把它们看作合作伙伴，就不难。

很多与潜在的企业赞助商会面过后的创业公司创始人都很疑惑，为什么赞助商对他们那么严格。那是因为他们问我们的问题，正是他们的同事、领导团队和采购团队会问他们的问题。赞助商在这个过程的早期阶段向我们提出严格的问题其实更好，这样我们就可以在问题出现前做好准备，而不是等着问题出现时难以应付。我们公司的工作中很大一部分是开发有助于客户击败竞争对手的创新技术，而更大一部分是帮助客户将那些新能力引入他们的组织机构中。

作为一个创业公司的创始人，在与沃尔玛会面后，我度过了 9 个月最艰辛的时光。第一，我们必须全面了解沃尔玛的采

---

① No one ever got fired for buying from IBM. 这是一种商业策略，是指企业在进行决策时应该选择更大的、已经得到市场验证的方案。这么做的原因并不一定是因为这些方案更好，而是因为这是行业标准，风险更小。——译者注

购情况，这部分很容易。第二，我们必须让我们的分析平台在数百万个产品上也能发挥功效，而且要保证当天能处理完成。第三，我们必须以一种易于使用和出类拔萃的方式保存我们收集到的所有数据。事实证明这是其中最大的难题。

我们与沃尔玛的人几乎每周会面一次。我努力做到了每次都亲自去，因为这样才能得到最好的反馈。事实上多年以来，我也一直在坚持与客户亲自会面，以得到真诚的反馈。

从创业公司的角度来讲，来自客户的钱是最好的融资，毕竟这不需要放弃任何股权，而且说服投资人投资的最好方式莫过于让它成为你的付费客户了！作为采购方，任何与你合作过的创业公司都很重视你付给他们的钱。而且当你投资与你合作过的创业公司时，还可以给你的产品方向提供一些新思路。

在客户会议上，我会在手机上记笔记，我记得很多。有一次我们的一位客户说，戴夫写在他手机里的内容，短短几周内就会被做到产品里面。当然，我会小心谨慎地告诉客户我不是在忙着发电子邮件或发短信，而是在记录他们的产品反馈，这样我才能把这些反馈带回给我们的产品团队！

在扩大我们平台规模的 9 个月时间里，其中几周的压力相当大。不管出于什么原因，我习惯了在与沃尔玛的会议上身着白色正装衬衫。因此，我们的团队总能根据我的衬衫判断出我什么时候要去见沃尔玛的工作人员。我们的沃尔玛客户也觉得这很有意思，他们中有一个还开玩笑问我有没有其他正装衬衫。不得不承认，我的衣柜里装满了白色正装衬衫！

最大的难题是为每周的会议做准备，我们必须收集、分析和展示产品数据。对于 5 000 个产品这并不很难，但对于数以百万计的产品，难度比我们预想的大得多。有时候我们会卡在数据收集阶段，而其他时候则卡在分析阶段。在我们试图将大量数据从一个地方移到另一个地方的过程中，我们遇到了很多问题。事实证明，一个看似简单的过程就需要花费远远超出预期的时间。直到我们实现了一个关键的技术突破，我们可以将所有数据都保留在原地而不去移动它们。从那以后，我们的情况就好了很多。

但就在我们以为自己已经做好了需要做的所有事情时，一个更有难度的新挑战出现了：我们应以什么样的形式将生成的意见呈现给沃尔玛的采购人员、批发商和采购助理，让他们能据此采取行动。

直接向用户展示一行又一行的输出数据可不行，我们需要以一种有表现力的视觉方式总结这些结果。只有这样，我们才能提供详细的行动事项。

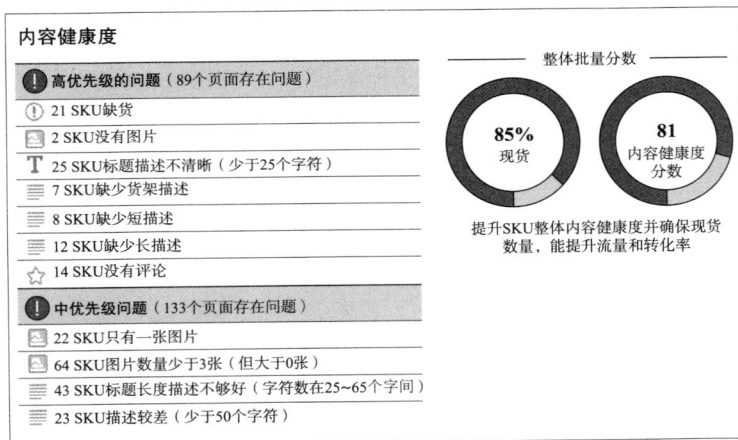

正是基于这种需求，我们的"内容健康度"（content health）审核才得以诞生，现在这个功能已经成了行业标准（如图 1-1 所示）。"内容健康度"审核可以向用户大致展示他们做得怎么样，以及他们最大的改进机会在哪里。

内容健康度

高优先级的问题（89个页面存在问题）
- ⓘ 21 SKU缺货
- 2 SKU没有图片
- T 25 SKU标题描述不清晰（少于25个字符）
- 7 SKU缺少货架描述
- 8 SKU缺少短描述
- 12 SKU缺少长描述
- ☆ 14 SKU没有评论

中优先级问题（133个页面存在问题）
- 22 SKU只有一张图片
- 64 SKU图片数量少于3张（但大于0张）
- 43 SKU标题长度描述不够好（字符数在25～65个字间）
- 23 SKU描述较差（少于50个字符）

整体批量分数

85% 现货

81 内容健康度分数

提升SKU整体内容健康度并确保现货数量，能提升流量和转化率

图 1-1　内容分析平台的"内容健康度"审核

扩大我们的接触范围

在像沃尔玛这样规模非常大的公司里，不同团队或部门的人很少有机会亲自交流。沃尔玛的一位副总裁在谈及自己和他的一位同事（另一位副总裁）时曾告诉我："戴夫，我们会面的次数没有应有的多。你给了我们一个难得的机会，让我们可以聚到一起分享想法。"换句话说，在组织内部，一种新技术平台的采用和推广对于大公司内部的个人乃至整个团队而言都可能是一个进行合作的关键机制，尤其是对于那些用于高层面的关键绩效指标（KPI）报告的技术。

在沃尔玛的案例中，我们的产品将市场营销、销售规划、采购和技术开发的同事聚拢到了一起。之前很长时间，我都认为扩大我们在另一家公司内的接触范围的主要目的和好处是，我们能推动实现更高的收入。直到最近，我才明白这种"落地及扩张"策略还有更大的好处。

一件产品在一家公司内被使用得越多，那么这件产品对使用它的公司（而不只是销售它的公司）而言就越有价值。当大公司在整个组织中使用同一个平台时，就会出现规模效应。换个角度看，采用一种技术平台即建立一种共识。不管用户能从该平台获得什么样的个人价值，该组织已经以整体的形式决定了跨部门采用该平台具有足够的共同价值。这就是在一家公司内部进行扩张的方式。

外部扩张也具有同等的重要性。2014 年的秋天，在我们完成 A 轮融资之后，我从旧金山市场街南区的办公室驱车前往纳帕，去见我们的一位天使投资人乔·施恩多夫（Joe Schoendorf）。乔是风险投资公司阿塞尔合作基金（Accel Partners，因对 Facebook 进行了早期投资而闻名）多年来一直非常成功的合伙人，他的妻子南希·施恩多夫（Nancy Schoendorf）是莫尔达维多风险投资公司（Mohr Davidow Ventures）的合伙人兼董事总经理，她做过很多成功的投资。那天我想与乔和南希讨论一个特定主题：我们如何才能扩大目标市场。

我们的技术平台能够给沃尔玛这样的公司带来指导，对此我们感到很兴奋。但在这个热潮中我们却发现向零售商出售软件的市场并没有想象中那样大。也许在这个过程的早些时候就已经很明显了。事实上，很多零售商似乎都在快速迈向倒闭，同时每家零售商关闭多达数百家门店的新闻屡屡出现在新闻头条，这也不断提醒着它们：传统实体店模式日渐无效。梅西百货（Macy's）、科尔士百货（Kohl's）、杰西潘尼百货（J.C.Penney），无不处在电子商务的压力之下。

乔在成为风险投资者之前当过很长时间的品牌经理。在我告诉他我们的分析平台能提供从缺货到定价数据，再从营销指标到有竞争力的分析报告等所有意见时，乔得出了一个有趣的结论。他认为：我们最大的市场并不是零售商本身，而是构成它们生态系统的数十万家供应商。宝洁、高乐氏、李维斯，这些公司的数量远远超过大型零售商的数量。乔认为我们正在构建的不只是一个分析平台，而是一个完整的电子商务品牌管理平台。我们提供的正是品牌经理一直想要但却很难得到的，因为收集实体店购物数据非常之困难。

但互联网不一样。使用互联网，就不再需要派遣数以万计的人去店里收集定价、库存和商品摆放信息，我们可以使用软件让所有数据收集工作自动化。不仅如此，我们还能快速、可靠和大规模地完成这项工作。

我们也因此诞生了一个想法，让我们的产品变成"电子商务控制中心"。我们将提供分析、内容管理和报告，而且还有一个包含清单管理和动态定价等功能的路线图。这就是现在我们正在做的事。

吃完午餐时，我意识到我们可以面向两个市场：零售商和供应商。我们合作的零售商越多，能得到的供应商就会越多；

而我们的供应商越多，就越有可能让指定的零售商与我们合作。回到旧金山时，我感到非常振奋。事实证明，虽然把零售商扩展成客户是一个大机遇，但把供应商也算进客户的范畴，则是一个更大的机遇。

> 洞见 BRICKS TO CLICKS
> 内容分析平台为电子商务的分析、内容管理和报告提供了一个端到端的平台。

我们的产品本身尤其适合这种类型的外部扩张。这是因为我们的"内容健康度"报告系统可以帮助供应商提升产品在网络上的存在感。

因此，零售商的采购人员倾向于与他们的供应商分享"内容健康度"报告，这样他们的供应商就能知道哪些地方需要改善。一方面，我们可以向零售商客户提供全网分析；另一方面，我们也可以深入特定的供应商，提供有关该供应商与其竞争对手的相对表现，并且指出哪些特定的商品需要改善以及如何改善。

对于我们的供应商客户，"落地及扩张"的工作方式同样适用。我们通常从少数几家用户开始——这些用户来自购物者营销、销售、供应链或电子商务管理。在某些情况下，我们的供应商用户来自零售商公司内部特定的团队。这些团队向亚马逊、沃尔玛、Jet.com、塔吉特等零售合作伙伴出售和提供支持。在另一些情况中，我们的用户有更加全面的职能，为两三家甚至多达一二十家，乃至更多的零售商合作伙伴管理电子商务。

有时候，我们要解决某个特定的问题，比如商品缺货问题。其他时候，我们会提供一个全面的业务仪表盘（Dashboard，如图 1-2 所示），其中涵盖了一家公司的所有电子商务指标，并且允许用户深入探究特定的领域，比如定价或内容健康度。

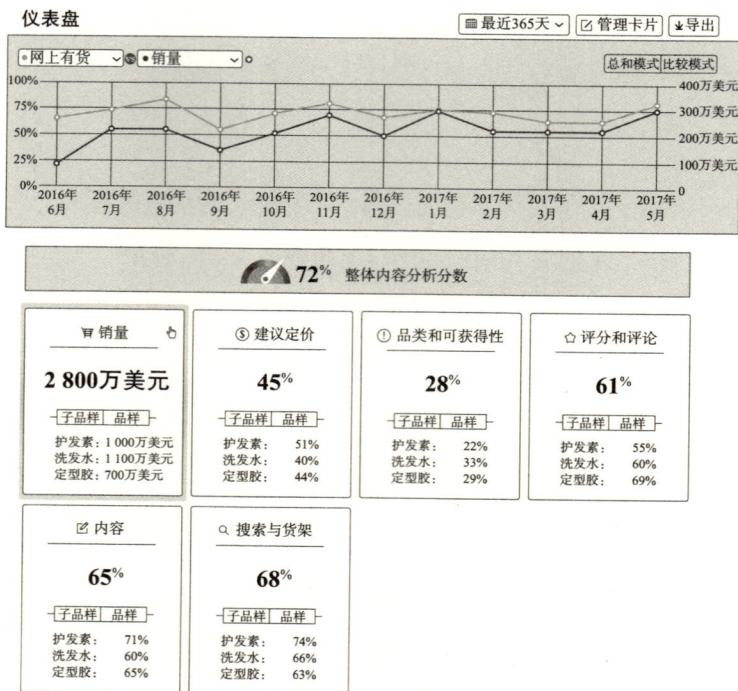

图 1-2　仪表盘

如果我们一开始的仪表盘内容比较宽泛，那么现在我们就会正在向重点关注特定功能领域（比如供应链管理）的用户扩展。如果我们是从解决某个特定问题开始的，那客户很可能会问我们能否帮助他们解决其他难题，比如测量价格波动或内容健康度。这两种情况都意味着扩张，在该供应商内会形成一种越来越强的共识：虽然我们的产品给任何单独个体所带来的利益可能不同，但整体上有利于该客户应对多个用户，并且由此能应对多个组织。

在我们的产品或是任何技术产品上，这种跨组织的应用既对生产这件产品的公司至关重要，也对使用它的公司很关键。这意味着，在该组织内部创造改变是存在共识的。

当然，我们的供应商供货的很多零售商并没有时间定期进行一对一的互动。事实上，专营独立零售商（specialty independent retailers, 简称 SIRs）是电子商务零售商方面增长最快的部分。

李维斯这样的供应商不仅想要提升自己在这些零售商里的业绩表现，也想提升这些零售商表现他们品牌的方式。他们希望确保这些零售商能尽可能地展示当前的图像、产品描述和视频。但与此同时，他们却没有向每一家单独的零售商输送更新后的内容资源。

技术再一次成了解决方案。在这种情况中，供应商向我们介绍他们的零售商合作伙伴，然后我们直接输送来自供应商的最新内容，这能进一步增加网络效应。我们的主目录系统（master catalog）是一款全面的基于云的产品信息管理（product information management, 简称 PIM）系统，可以存储品牌内容并将这些内容以零售商期望的方式输送给他们。我们的供应商客户不仅建立共识并推动内部变革，他们也在推动外部变革。不管你是哪一方，这个模型都是一个强大的模型。

但要是产品的使用没有在内部扩张，也没有在可行的时候进行外部扩张呢？在这种情况下，客户需要评估两个可能的原因。第一，有可能所涉及的这个产品根本不是一件好产品。用户发现它难以使用或它无法提供其承诺具备的功能。第二，使用不能扩张可能意味着该公司不能达成需要改变的共识，或者正确的利益相关者没有在购买过程中及早参与进来。在这些情况中，往往需要重新购买该产品，并从一开始就让正确的利益相关者参与进来。

即时提供价值

在采用类似于我们产品那样的新技术平台时，某些客户用来降低风险的一种方法是进行低成本的试点测试。比如，宝洁在评估我们的产品时，首先对我们的产品进行了为期三个月时间的以降低缺货率为重点的试点。尽管我们的产品仍然处于开发中相对早期阶段，但赞助商看到了我们产品的潜力。在试点期间，我们不仅改善了宝洁的备货率，还提高了预见性，帮助他们确定了导致产品缺货的原因。

尽管某些潜在客户要求我们进行免费试点，但付费试点总是能得到更好的结果。在我们看来，这意味着客户是认真的，只要试点效果好，他们确实会和我们做生意。为试点付费也有助于得到优先处理——任何付费的东西都比免费的有更高的优先权。付费意味着双方都对该试点做出承诺。客户花钱并且期望能得到回报的价值，我们获得报酬并希望实现这个价值。

为试点付费对我们的客户而言也是一个很好的共识建立机制。在大多数更大型的组织中，为某件事物付费就意味着至少有一些其他人必须参与进来，不管是经理、副总裁，还是一个团队。

当然，很多客户选择直接进行购买。对于这种方式，我们的平台是有效的，我们直接可以将真实的客户产品信息和分析载入平台中，无须整合其他数据。这是我对平台的基本要求之一，我们要能使用预载入的数据进行最初的客户会议。

在我此前创立的一家公司，我曾经历过让我们和客户都感到痛苦的事，那时候我们必须在几个月的整合工作之后才能提供价值。我在创建内容分析平台时发誓不能再经历那种痛苦。这本身就是另一种形式的降低风险：让客户在几天甚至几个小时内就能获得一项新技术的价值，而不是花费数月或数年的时间等待。

洞见 BRICKS TO CLICKS
我们平台的一个关键创新是，可以在数天之内上线运行一项技术，而不用花费数月或数年的时间。

这个创新就是上线运行并提供即时价值的能力。事实证明在我们为了赢得一家服装制造商而努力时，这是我们平台的一个关键卖点。

颇具讽刺意味的是，我们是很久之后才开始利用自己的卖点扩展业务。在 2015 年夏天，有人邀请我去旧金山一场电子商务活动上做主题演讲。活动的参与者中有一位是一家咨询公司的业务发展主管，会后他找到我并提议与我们合作，尤其是在电子商务领域。这是完全合乎情理的。我们可以提供技术平台，这家咨询公司可以提供服务和持续进行的项目管理。

就在几天之后，我们的联系人告诉我有一个与当地一家服装零售商合作的好机会，这个服装零售商也是世界上最大的服装零售商之一。这家服装零售商的一位主管正在寻找一种用于报告电子商务关键指标的方法，他需要的方法与我们当时提供的供应商选择流程不太一样，但他有兴趣了解我们所能提供的东西。我们约在第二天上午见面。只有很少的准备时间，我把一些幻灯片组合到了一起，还做了一个对该公司产品进行全面分析的演示。

我们谈成了这次合作。之后我问这位主管，他为什么选择我们的方案而不是竞争对手的，他直接告诉我是因为被我们提供价值的速度所打动。之前他们接触的另一家公司用了一年的时间整合的解决方案，我们用一天时间就能完成了。如果有什么比试点还能降低风险的，那就是在第一次会议期间看到我们的平台给出了有关你们产品的见解。

成功的客户参与

当变革组织运营方式的购买决策时，区分采购方的类型很重要。有的采购方是先驱型的，他们看到了电子商务的未来并且想引入必要的技术来支持它。另一些是大公司里的企业家，他们只是想贡献一些知识来帮助创业公司成长。另外，还有一些是经过验证的运营者，他们希望解决一些长期以来都存在的问题——跟踪丢失的库存或在一个中心化位置存储位于 100 万个不同位置的品牌内容。

我们的客户都不只属于一种类型。很多公司都想以某种方式与创业公司合作，同时得到他们所需的能力，以解决即时业务需求。所有人都理解在他们的组织内建立共识的要求。他们将我们的平台看作一个中心化的控制中心，并且知道这个平台将会真正帮助他们改善业务运营。他们乐于告诉我们产品路线图上应该有什么，以及何时应该有。

我们的很大一部分工作都是在倾听客户解释他们的业务运营方式，以及如何更有效地运营，然后开发出相应的软件。我常常觉得，当有客户参与时，出售软件平台是合作里的最后一件事。表面上看，我们理解了客户的需求，将其翻译成执行方法以快速解决他们的问题。我们卖给他们一些软件的许可证，获得报酬。但实际上，他们买到的是一整套可以帮助他们解决业务难题的运营模式。

这种客户驱动型开发模式（customer-driven development，简称 CDD）需要在我们与客户沟通的部分投入大量的时间和精力。如果没有它，我们就不会有现在这个全面的"电子商务控制中心"。当然，这是互惠互利的。当我们有了产品功能的新想法或发现了行业的新趋势时，我们已有的客户会首先知晓。

速度即一切，每一秒都很重要

这是一个相当常见的情况。我们的客户知道他们需要改变运营的速度，但他们的最大难题是不知道如何改变。当我问宝洁的一位赞助人，他过去获取有关品牌健康的特定报告的频率是多少时，他向我展示了一份用人工方式组合在一起的 PDF 报告。他说："我们一年得到一次这个文件。"但是，他希望每天都能得到一份该报告的更新版本。

经过在线下数十年的资本和人力资源上的投资，我们的很多客户都已经成为其所在类别的翘楚，他们的品牌开始变得世界闻名。这样的策略是有效的，因为在实体店世界里，买断货架以及应用资本和人力资源来构建最重要的品牌价值是至关重要的，速度并不是决定一个品牌成功的首要因素。这样的体系允许在内部运营品牌，以及将品牌与他们的零售商连接起来，效果已经达到了顶峰。

但在电子商务世界里，速度即一切。每天上线销售的新产品数以百万计，数字货架每分钟都在变化。

公司也正在采取即时行动来提升话语权、提升产品可见度以及响应产品可获得性的改变。等到季度结束或一年结束才进行改变的日子已经一去不复返，在电子商务的世界里，每一秒都很重要。

尽管我们不是唯一一家可以帮助客户以网速运营的公司，但客户告诉我们，我们确实是少数几家之一。对我们而言，为了帮助客户以网速运营，我们自己就必须以网速运营。为了做到这一点，我们依赖于一套特定的网络运营原则：

◎ 在数周内提供新产品，而不是以季度或年为单位的典型企业周期。

◎ 在数秒钟、数分钟或数小时内提供数据见解和品牌更新，而不是耗时数周、数月或数年的时间。

◎ 以前所未见的规模运营，同等有效地为数十亿件产品提供我们在数百件产品上提供的分析意见和品牌管理能力。

◎ 使用现代基于云的技术堆栈，支持按需扩展计算资源。

◎ 将多个来源的数据结合成一个全面的视角，而不是在已经严重孤立的组织里作为另一个孤立单位而运作。

◎ 满足我们单个用户的需求，同时提供一个平台，能在客户的整个组织层面上提供价值。

◎ 使用客户驱动型设计方法，这样我们可以构建真实、实

用的解决方案，而不是在密室里花费几个月时间开发没
有人会使用的软件。

这些原则构成了我们组织的核心，我们也将这些原则应用
在了与我们合作的公司。

在很多情况下，我们的客户对于业务运营的方式有新的想
法——他们只是没能找到合作伙伴来将这些想法付诸实现。对
于每个合作关系，客户带来他们的领域知识和专业知识，我们
带来成熟的技术执行能力。在我们看来，这是 CDD 模型和成
熟的执行能力上的一个无可比拟的重点，我们的客户在选择技
术合作伙伴时就应该考虑这一点。在电子商务时代，如果要说
某件事是真实的，那就是新能力在不断涌现。因此，对于采购
方而言，与可以解决今天的需求的技术供应商合作还不够，必
须与既能够解决今天的需求又能够快速迭代从而解决明天的需
求的技术供应商合作。

停止开会!

在我们与一家供应商的一位高管和他的团队合作的早期，
我们一直在报告中使用平均评论评级和平均评论数量两个指
标。这位高管知道他的公司对某家特定供应商的评论有问题，

但一直没能确定具体是什么问题。我们的报告表明在该供应商的产品分类中，仅有特定的部分产品存在问题。这部分产品类别不仅评论数量有限，而且评级很低，评论少和评级低并不是很好的组合。

我们有了这样一个我喜欢谈论的时刻，我们的客户呼喊着："停止开会！我知道做什么！"他立即联系了他公司负责评论的团队。该团队更新了评论聚合方法。几乎与此同时，这家供应商就开始收到更有代表性的评论组合和更多的评论。

发生了什么？这家供应商既有一个直接零售的网站（也就是直接面向消费者销售的网站），也有正在蓬勃发展的批发业务。对于这家供应商产品类别中的这一部分，购物者写了大量评论而且几乎所有都是正面的。但这些评论的大多数都被发送给了该零售商的零售网站。少量剩余的差评通过该供应商的评论聚合网络进行了聚合，从而为一件本来很棒的产品得出了人为的负面看法。

我们内容分析平台就是为这样的"停止开会"时刻而活的。我们给出的见解对供应商或零售商而言很有价值，以至于他们可以立即采取行动。这只是我们如何与客户合作并帮助他们实现业务转型的一个小案例。

人们常常问我为什么要创立内容分析平台。我的第一反应通常是我当时正在大数据和一个快速发展市场的交汇处寻找机会。在开发和提供世界上最早的"电子商务控制中心"的过程中，我找到了这个交汇处。

然而，事实证明，我们的软件平台和客户的业务需求之间的交汇处甚至更有价值。在创立内容分析平台期间，我有幸认识了一些世界上最具创新能力的品牌的领导者（不管是大品牌还是小品牌），并与他们合作。这样的交集让我们有能力开发出能解决真正迫切的业务难题的软件。

当然，当今品牌面临的一个最大难题是控制能力的不断丧失。由于手机的便利，消费者正在将比较购物提高到一个新水平上，同时计算机算法对数字货架本身的控制权也越来越大。品牌如何才能重获控制权？我们将在下一章中寻获答案。

02

从线下到线上，重获控制权

BRICKS TO CLICKS

WHY SOME BRANDS WILL THRIVE IN E-COMMERCE
AND OTHERS WON'T

> 如果你的客户只关心价格，那么原因可能
> 是你没有给他们其他可以关心的东西。

—— 赛斯·高汀，美国顶级商业顾问

产品（product）、价格（price）、宣传（promotion）和渠道（place）是营销的"4P"。几十年来，营销专家、商学院教授和品牌代理机构已经将这些基础知识深深地植入了我们的大脑。

如果我们可以控制 4P，就可以控制购买路径。多年以来，这种方法都是有效的。品牌过去也在使用这些元素来执行品类管理策略和占有市场。

但电子商务出现了，一切都发生了变化。似乎在一夜之间，品牌就失去了辛苦努力才取得的控制权。

算法取代了货架规划图，内容取代了店内购物的实际体验，

当日送达取代了去商店现场购物，每日执行取代了年度产品周期。

我们的很多客户已经投入了数十亿美元和很多年的时间，在实体店世界中提升市场地位和扩展内部专业知识。尽管电子商务已经存在一段时间了，但只是在最近几年才变成收入流中很大的一部分，值得投入时间和精力。现在，很多品牌不仅认为电子商务至关重要，还意识到它们已经落后了，需要迎头赶上。

内容崛起

当今的消费者在做出购买决策之前与实际产品的交互变得越来越少。因此，吸引人的内容变得重要了很多。在亚马逊、Jet.com 或沃尔玛网上商城的商品页面上的图像或视频，可能是消费者在做出购买决策之前看到的唯一的视觉效果。

> **洞见** BRICKS TO CLICKS
> 当今的消费者在做出购买决策之前与实际产品的交互变得越来越少。线上内容的重要性变大了很多。

品类经理的工作过去是负责为大型实体店设计最优的产品组合、布局和定价，现在正在发生变化。在决定什么产品什么时候出现在什么地方方面，算法发挥的作用越来越大，而且速度也比以往更加重要。过去习惯了一个季度或一年进行一次产品营销更新的公司，无法进行足够快的执行以跟上电子商务的速度。

你的品牌诚信值多少钱？与我们合作的一位供应商每年都在全球投入近 30 亿美元来进行设计、营销和推广他们的品牌。然而当消费者要在网上购买这家公司的产品时，消费体验往往都很差。尽管这位供应商投入了这么多钱来提升品牌认知度促使消费者购买他们的产品，但这家公司的产品没有在网上得到有效的呈现。在零售商网站上，该公司产品的商品页面存在很多问题，例如产品图片过时、图片分辨率低（购物者无法放大以及更好地查看产品），以及图片数量过少，有的产品仅有一两张图片，有的产品甚至没有图片。

当然，这家公司已经进行了品牌审计。该公司电子商务团队的一组人得到了这个吃力不讨好的任务：浏览亚马逊、沃尔玛、网上商城、塔吉特以及其他多个网站上每个产品的页面，并将问题记录在一个电子表格中。这家供应商在进行这样的审计工作时面临着很多难题，例如审计的人根本无法浏览所有产品，他们必须搞清楚应该比较哪些内容以及在零售商网站上的内容是否匹配。

这种审计过程非常耗时，就算该供应商能够审计整个产品目录，也要花费五六个月的时间才能完成一次完整的品牌审计。由于每个季度都有成千上万乃至更多的新商品推出，所以要让该供应商团队大规模地提供高质量全面审计几乎是不可能的。而且该供应商还面临着一个更进一步的难题：如何更快地完成这些审计。在理想情况下，该供应商希望每周完成一次审计。

这些问题只是冰山一角。即使内容很好，库存水平又如何呢？这种产品有货吗？描述该产品的数据是否准确？这个价格与竞争对手相比是否合适？谁在销售这种商品，零售商还是第三方市场卖家？

从可寻到可购

这些因素组合起来就描述了一件商品的可购性（shopability）。对于每件商品而言，供应商必须做对这些因素中的一小部分，因为购物者一旦找到了一件商品，就有很高的概率购买它。

这就引出了一个问题：一件产品的可寻性（findability）如何？当消费者在谷歌、亚马逊、沃尔玛网上商城或其他零售商网站的搜索框中输入"牛仔裤""电池"或"尿布"时，谁家的产品会最先出现？唯一能准确知晓的方法是输入同样这些关键词，看看结果如何，但这根本不可能每年每天都通过人工方式大规模地来做。

在实体店世界里，供应商会投入数月时间与他们合作的零售商一起设计货架规划图，然后再投入数月时间将它们推出，之后还要用几个月派几千人到那些过道里走走，看看那些货架与规划图是否匹配。

电子商务的差别是速度和规模。货架不再是几个月变化一次，而是每天变化，甚至每小时或每分钟都在改变。供应商面对的不再是只包含数千或数万件商品的世界，而是一个包含数十亿件商品的世界。所以当你在查看电子商务的品类时，这些品类中最畅销的商品往往来自你从未听闻过的小品牌。

这些品牌利用了领先的技术来优化产品的线上销售。它们应用了搜索引擎优化（SEO）方法来确保尽可能最容易地发现产品标题、描述和关键词，注重使用大量高分辨率图像，直接跟进客户，在差评被写出之前获取反馈和解决问题。如果还是有人写了差评，内容分析平台会确保即刻收到提醒，以便立即采取行动。

新生活，新消费

我们现在正见证着消费者购买方式的巨大变化。在消费者需要在卖场走道里面选择所要购买的产品的时代，品牌认知度很重要，投入数十亿美元来推广品牌会有很好的效果。足够的品牌认知度加上该品牌的产品得到适当的放置和备货，那就能让消费者购买。

在算法时代，品牌认知度仍然很重要，但这还不够。如果你从未听闻过的一个卖家采取行动优化产品列表以便销售，那么该卖家的产品就会出现在搜索结果的首位，相当于实体店中放置于视线高度①。如果竞争对手的产品一直出现在搜索结果首位，就算是每年在品牌营销上投入 30 亿美元的品牌也无法长久存活。

这个趋势有增无减。线上支出正在迅猛增长。现在有近70% 的美国人每月至少网购一次，33% 的美国人每周至少网购一次。[1]电子商务的惊人增长让美国网络销售额在 2015 年达到了 3 417 亿美元，而 5 年前仅有这个数字的一半。2015 年的总零售销售额增长中高达 60.4% 的份额都是由电子商务贡献的。[2]

---

① 在实体店中，一般认为视线高度是最优的产品展示位置，在购物者无特定偏好的情况下，处于视线高度的产品最有可能被购买。——译者注

对于消费者来说，网络购物的便利性与价格一样重要，甚至更加重要。英敏特公司（Mintel）的高级技术分析师比利·霍克奥厄（Billy Hulkower）说："家有儿女的父母更有可能每周进行网络购物，因为更大的家庭有更大的补给需求，而且在他们繁忙的日程中用于购物的时间也很有限。"

这对传统零售的影响是显而易见的。人们不需要看太远就能看到商场停业和零售店倒闭的新闻。零售分析师简·尼芬（Jan Kniffen）预计未来几年将有 1/3 的商场关闭，封闭型商场的数量将从 1 100 降至 700。[3]

简而言之，千禧一代的购物方式不一样。现在大约 70% 的购物体验都是在移动设备上进行的。移动技术的进步意味着有屏幕更大和分辨率更高的显示屏。在移动设备上播放的产品视频的效果和在有更大屏幕的台式计算机上的效果一样好。比较向导需要在小屏幕和大屏幕上都易于查看。从库存管理系统取出的一张小图片和全部大写的产品名称已经不够用了。当今的购物者期望有更多的内容。

零售商正在进行超出必要的创新。亚马逊 Prime 会员计划现在有超过 7 000 万会员。Prime 本质上是将已有几十年历史的会员俱乐部概念带到了网上。它为消费者解决了两大基本问题：

节约运输成本和尽快收到货。

对亚马逊而言，Prime 建立了一个极其忠诚的购物者基础。尽管 Prime 计划开始时是亏本销售的，但这可能是亚马逊最佳的投资之一。注册这个年度计划的购物者在做出购物决策时选择在其他地方购物的可能性会低很多。对于亚马逊而言，Prime 计划意味着预先得到数十亿美元的现金，这些资金可被用于投资基础设施、改进物流和提高规模效率。

为了提高竞争力，沃尔玛收购了一家刚成立两年的电子商务创业公司 Jet.com，并聘用了其首席执行官马克·劳尔（Marc Lore）来经营沃尔玛网上商城和 Jet.com。

尽可能多的产品

零售商继续对市场平台进行大量实验。百思买最近关闭了其市场平台计划，而沃尔玛则在继续扩大其市场平台计划，其目标是在网上提供尽可能多的产品种类。在亚马逊网站上列出的 4.8 亿件商品中，有超过 4.7 亿件都是市场平台商品。比起没有采用市场平台的竞争对手，采用市场平台计划的零售商增加产品种类的速度快很多。但其中也有风险，确保质量、产品真实性和最佳客户体验的难度也会大很多。

我们的"点网成金"客户正在尽可能地学习有关网络市场平台的知识。通过我们平台收集到的数据，我们能够为第一方卖家客户提供在市场平台上销售业绩的独家见解，这些市场平台包括亚马逊、沃尔玛网上商城、Jet.com 和 eBay。"点网成金"客户会密切监控他们对黄金购物车的所有权。黄金购物车（Buy Box）是指商品页面上的一个按钮，会决定当购物者点击了"加入购物车"之后将该销售分配给哪个卖家。我们可以告诉这些客户他们赢得黄金购物车的概率如何，以及他们何时及因何原因没有赢得黄金购物车。

市场平台为网络零售商提供了一个引人注目的机会，因为零售商不需要为市场平台的销售直接配备库存。通过增大他们的产品种类，他们可以确保产品有货的时候更多，他们可以获得更长尾的搜索（搜索不常被购买的产品），而且可以通过其他销售方可能并不提供的独特产品来吸引更大范围的购物者。与此同时，第三方卖家也能受益于大型零售平台的购物者规模和品牌营销能力。

当我们刚开始与"点网成金"客户合作时，他们中的很多正在市场平台中失去控制权。有些人认为市场平台销售根本不关他们的事。如果市场平台的卖家给商品定价过高或过低、使用了不正确的图像或发布了糟糕的产品描述，那就关他们的事了。直销商（第一方，被称为"1P"）的态度使他们正在失去控制权。他们要么不关心，要么不会为此采取任何行动。

但随着时间的推移，我们的"点网成金"客户已经发展出了夺回控制权的策略。通过仔细谨慎地监控市场平台卖家，他们可以向合作的零售商提供第三方卖家销售的产品的内容质量和定价信息。如果第三方卖家的产品描述很糟糕或图像不准确，那就会让购物者对整体网站的体验变得很糟糕，从而导致购物者去别家购物的可能性提高。更重要的是，信息不准确（比如不准确的技术规格）的产品会提高退货率和稀释品牌权益[①]。因此，无论是谁供应该产品和营销内容，零售商和供应商必须一起合作，以确保购物者有好的体验。

我们的"点网成金"客户也在通过更好的电子商务组织方法来重新确立控制权。新兴的纯网络销售卖家已经投入公司全力来优化网络销售了。但表现不佳的实体公司则将电子商务降格为一人团队，或将其分配给已经超负荷且人手不足的全国经销或营销经理，成为他们已有职责的一部分。宝洁、高乐氏和李维斯等表现更好的"点网成金"公司已经在他们各自的零售商销售团队中

---

① 品牌权益（brand equity）描述的是知名品牌的品牌价值。一般认为，知名品牌的品牌认知度本身就能带来更多收入，因为消费者通常会认为知名品牌的产品比不知名品牌的产品更好。——译者注

配备了专门的电子商务人员，而且在全国和全球层面上都有。

扩展规模的 3 个原则

尽管电子商务成功的因素有很多，但表现最好的"点网成金"公司都有一个共同主题：对规模的空前关注。"点网成金"公司会不断寻找实现自动化、精简化和扩大运营规模的方式，因为它们知道电子商务占到总销售额的 10% 只是冰山一角。考虑到零售业中 60% 以上的增长都来自电子商务，"点网成金"公司知道已有的系统和流程根本无法扩展到满足电子商务的规模和速度需求的程度。在还处在规模扩展周期的相对早期时，"点网成金"公司就在竭尽所能地学习以及采用新技术和新流程以获得领先优势。

"点网成金"公司有三种实现规模扩展的形式：

◎ 扩展见解，是指获取必需的数据，以在整个企业层面上制定明智的决策。

◎ 扩展组织，是指实现能满足电子商务快速增长需求的组织结构。

◎ 扩展行动，是指能够大规模地采取自动化复杂过程，以使公司自动且可靠地运行。

我们能帮助客户克服他们在试图扩展见解时所遇到的多种大数据难题。第一，他们的数据存储在不同的系统和组织中的不同部分。例如，库存信息在一个系统中，而品类信息又在另一个系统中。尺寸和监管信息位于供应链中，而产品标题、图像和描述则归属市场营销。他们希望将所有这些数据聚合起来并在同一个地方呈现，却发现做这件事的难度越来越大。第二，我们的客户运营业务所需的很大一部分数据都可在网上找到，但是他们没有收集、聚合和呈现这些数据的简易方法。当他们试图以人工方式来聚合这些数据时，会遇到数据可靠性和资源局限性等问题。第三，我们的某些客户已有的传统商业智能（business intelligence，简称 BI）系统，并不是为电子商务的独特需求开发的。

> **洞见** BRICKS TO CLICKS
> 人工方式的数据收集和报告无法满足电子商务的速度和规模需求。

这些 BI 系统中很多都是通用分析和演示工具。它们无法在产品即将缺货或价格改变等关键事件发生时触发提醒。它们只能在事实发生之后呈现数据，但是这太迟了，没什么用处。此外，这些系统是为非电子商务的零售设计的。它们成本很高且难以定制化，而且很多仍需要本地部署的软件[①]，这使得它们难以快速更新，无法跟上电子商务的动态特性。

---

① 本地部署的软件（on-premise software）是指在用户的计算机上本地安装和运行的软件，而不涉及云或服务器等远程设施。——译者注

业务仪表盘

"点网成金"公司会使用内容分析平台的电子商务仪表盘功能来获取电子商务业务指标中的分析意见。他们会定制仪表盘以满足自己特定的 KPI，加入广告占有率目标等业务规则，以及向领导报告他们定义的 KPI 的进展情况。综合的目标规划能让他们在仪表盘内正确设定目标以及跟踪他们实现这些目标的进展。

使用仪表盘，客户可以每小时、每天和每月都跟踪变化情况，可以按月、季度和年进行回顾。他们既可以获取年度规划所需的业务报告，同时也能发现市场的突然变化并采取应对措施。我们的很多客户都会使用这个仪表盘来与他们合作的零售商进行新年准备会议或季度业务回顾，同时也会使用仪表盘进行他们每日或每周的内部销售和品牌管理例会。

仪表盘是可扩展的，因此我们会与供应商客户合作，随时加入更多的关键指标，而且整合的不只有线上指标，也有实体店指标。通过将之前分离的信息源聚合到一个易于访问的界面上，让客户可以在一个地方以端到端的方式衡量业务表现。正如一位供应商说的那样，内容分析平台的仪表盘是"我们整个业务运营的控制中心，无论是实体店内还是在网络上"。

竞争见解

实体店公司已经分析竞争很多年，其中很多都是需要大量投入人力的过程。"点网成金"公司则使用自动化技术，来理解产品在多家零售商中的业绩表现（内部竞争）以及相对于竞争对手的表现（外部竞争）。

图 2-1 给出了内容分析平台竞争见解（competitive insights）仪表盘的示例。

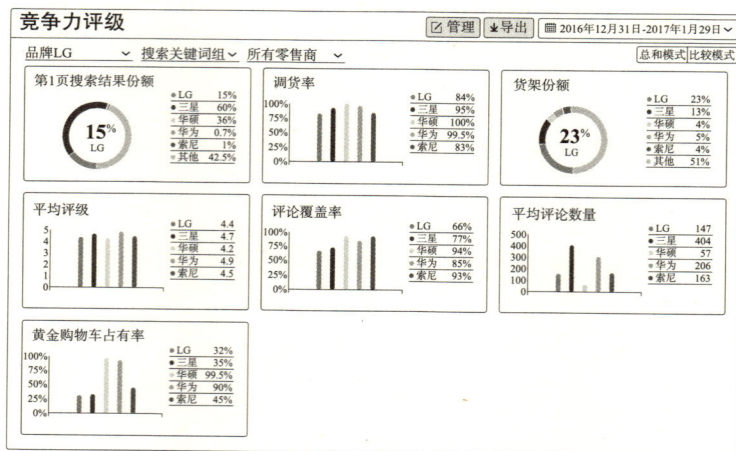

图 2-1　竞争见解

我们将在本书后面章节更详细地介绍"点网成金"公司获取竞争见解的方式。

寻找、管理和更新品牌内容的能力

"点网成金"供应商并不会止步于此，它们会实现一个能告诉它们做得怎么样的仪表盘。它们还会更进一步，实现一个基于云的 PIM 系统来存储品牌资产，以便于访问和更新。

对内容分析平台而言，这就是我们的主目录，其中不仅存储了品牌资产，而且还会输出预填充过的表格，这些表格对零售商网站上的内容更新是必需的。在某些情况下，该系统甚至能直接更新零售商网站上的内容，让供应商无须在中间处理任何表格。产品名称、描述、图像、视频和商品属性数据全都存储在主目录的 PIM 系统中，并可通过自动生成模板或与零售商网站的直接连接轻松得到更新。

为什么这种存储和更新品牌资产的能力对"点网成金"公司如此重要呢？答案是：大规模内容。

对于当今的购物者而言，内容的重要性前所未有。购物者在做出购买决策之前与实际产品的交互已远少于过去。他们与图像、视频、产品描述和网络评论的交互则多了很多。因此，寻找、管理和更新品牌内容的重要性已经达到了一个全新的高度。在接下来的章节中，我们将详细介绍如何设置 PIM 系统来满足电子商务的需求。但首先，要确保每一件产品都应该拥有怎样的内容。

让品牌夺人眼球的核心

包括内容分析平台在内的很多供应商都会创建针对网络优化过的产品描述、对网络友好的产品名称以及高分辨率的图像和视频。

产品的名称、描述和图像被称为核心内容，它们出现在零售商网站的商品页面的首屏上，而且它们也是谷歌等搜索引擎用来生成搜索结果的内容。以下是核心内容中应该有的内容：

◎ 多张高分辨率图像：最低分辨率至少为 1 000×1 000，最好是 3 000×3 000。

◎ 长度至少 150 词的产品描述，其中包含品牌名称、产品名称、识别产品的关键词和没有在其他地方使用过的独特内容。

◎ 包含完整拼写的品牌名称和产品名称。为了在移动端和 PC 端（电脑端）上都有最佳的效果，产品名称的长度应当小于 70 个字符，因为更长的产品名称在移动设备上的显示效果往往不佳。

◎ 对国际制造商而言，要具备让内容创作者创造符合所在
国情况的内容的能力。某些内容创作者不需要将商品运
送到美国的某个地方，而是可以在任何国家接收你的产
品样本。这种支持能显著缩短商品上市的时间。

除了内容本身，还应该寻找能直接以零售商需要的形式创
作内容的供应商。这就意味着：

◎ 根据零售商特定的指示适当地命名图像；

◎ 将内容填充到零售商特定的商品 / 内容维护表单、门户
或界面中。

"点网成金"公司会将高质量的内容创作和现代的基于云
的 PIM 平台结合起来管理和组织品牌内容。比如，内容分析平
台的系统可以完成以下任务：

◎ 以亚马逊、沃尔玛和塔吉特等零售商所需的必要模板格
式和命名习惯，输出内容维护表单和图像；

◎ 向需要提交图像和视频的零售商提供相关网络链接
（URL）；

◎ 进行检查，以确保图像满足最小尺寸 / 分辨率要求，以

及每家零售商的图像文件类型要求；

◎ 进行检查，以确保视频满足合适的视频格式要求（比如 MP4），并自动在 PC 端视频和移动端视频之间进行转换，以便产品视频在 PC 端和移动端都有良好的播放效果；

◎ 重新调整图像大小，以便提交的图像不用再被零售商裁剪，就可以完整地出现在零售商的网站上；

◎ 转换 CSV、XLSX 和 XML 等多种不同格式的文件，以及根据各种不同的数字资产管理系统导入内容；

◎ 将内容转换成零售商所需的格式以及在不同格式间进行转换，例如，如果所有图像都是按照亚马逊的要求命名的，系统可以将这些图像转换成可直接交付给沃尔玛和塔吉特的格式；

◎ 当提交的内容在零售商网站上线时要提醒，或者如果没有在特定的时间段内上线时要提醒；

◎ 将内容集中保存在一个位置以便存取；

◎ 展示创造的和交付给合作零售商的历史记录。

除了核心内容，你可能也需要在增强型内容（enhanced

content ；也被称为"富媒体"，rich media）上有所投入，以便在网上进一步展示产品。

增强型内容包括视频、360 度视图、使用指南和 PDF 等。亚马逊（富媒体在这里也被称为"A+ 内容"）和沃尔玛网上商城对增强型内容都有本地支持，这意味着在这些零售商网站上，你不需要任何第三方富媒体特定的解决方案（比如 Webcollage 或 SellPoints）就能将富媒体添加到你的商品页面上。尽管增强型内容可能无助于为商品页面吸引更多访客，但事实证明只要购物者确实到达了你的产品页面，增强型内容就能显著提高转化率。

最大型的"点网成金"供应商也会与零售商合作创作品牌的定制登录页面。亚马逊和沃尔玛网上商城等大型网站可以创建定制页面来展示品牌和产品。比如，亚马逊会以专门为品牌定制 A+ 内容以创建展示页面。这是一种帮助消费者了解新产品或新技术的绝佳方式。沃尔玛网上商城和山姆会员商店（Samsclub.com）都会创建定制页面来凸显产品及其优点。如果某品牌正在向市场推出一件新产品，比如曲面电视或一种新款特制化妆品，这种类型的页面对于帮助购物者了解产品会格外重要。

话虽如此，核心内容才会为商品页面带来更多访问。谷歌和零售商网站上的搜索框都使用核心内容，通过评估产品名称、描述和属性数据来确定在搜索结果中展示哪些商品。而且核心内容也是用户浏览商品时出现在首屏的内容。也就是说，用户无须滚动网页就能看到。因此，正确设定核心内容才是最关键的，否则出现在商品页面上的其他内容就没意义了。

只要出现在首页，就会实现更高销量

如果还需要更进一步夺回品牌的控制权，那就需要使用零售商网站上的付费媒体了。当通过基本方法改进内容和增加销量已经不够时，可以投入付费媒体。

在亚马逊上，供应商可以直接购买广告，通过亚马逊的推广产品（sponsored products）功能让这些广告出现在亚马逊的网站上。类似于谷歌 AdWords，亚马逊的推广产品功能是一种基于关键词的广告机制。只需要创建广告，然后输入广告对应出现的关键词。只有当购物者点击了这些广告时，这些广告才会让你付钱。推广产品可以帮助在基本方法不起作用时促进销量。推广产品的一大好处是既适用于大型机构和品牌，也能以自助的形式提供给小型卖家。

在沃尔玛网上商城上，供应商可以通过谷歌 AdWords（而不是直接在沃尔玛网上商城上）或通过媒体机构 Triad Retail Media 购买广告。很多供应商都与 Triad 合作执行内容推广活动，将被推广的产品包含到基本搜索结果之中。与亚马逊的推广产品类似，这种展示方式可以极大地帮助提升销量。"点网成金"供应商会结合使用基本方法（内容）和付费方法（广告）来吸引对其产品的大多数访问。

这会产生一个有趣的效果：在网络零售中，一件产品的销量越大，它出现在搜索结果中的位置就越高。这是因为销量是决定一件商品在网站搜索结果中位置排序的关键因素之一。只要它是一件相关商品，卖得越多，排名可能就越高。相关商品是通过比较关键词和产品内容来确定的。我们可以将其看作让一本书登上《纽约时报》畅销书榜单。若想让一本书登上这个榜单是非常困难的，但只要一本书登上了这个榜单，它就可能会在某种良性循环中卖出更多本，因为它会因出现在该榜单中而被更多的人看到。这很像是零售商网站上搜索结果的工作方式：出现在结果的第 1 页很困难，但只要出现在第 1 页，商品就会被更多人看到，从而实现更高的销量。

一件商品的排名越高，它保持排名的可能性也就越高。对于搜索结果第 2 页或第 3 页的商品来说，"点网成金"供应商已经发现投资付费媒体是值得的，因为这是提升商品排名的快捷方法。

到目前为止，我们已经了解了"点网成金"公司通过三种主要机制（扩展见解、扩展组织和扩展行动）夺回控制权，这样能使公司以电子商务所需的速度和规模运营。

接下来，我们将了解如何构建电子商务仪表盘和所要跟踪的关键指标，以优化业务，从而在电子商务上获得成功。

03

跟踪与优化 **6** 大指标，
让业务实现最大增长

BRICKS TO
CLICKS

WHY SOME BRANDS WILL THRIVE IN E-COMMERCE
AND OTHERS WON'T

如果你不能管理它，就不能改善它。

—— 彼得·德鲁克，管理学大师

2015 年年底的一个下午，我当时正在一家大型快速消费品公司的办公室拜访几位高管，这里距位于阿肯色州本顿维的沃尔玛企业总部 20 分钟车程。这家公司在当年春季就成了我们的早期品牌客户之一，正在使用我们的产品来降低在沃尔玛网上商城的缺货率。

这场会议起步很艰辛。我在连接该公司的 Wi-Fi 网络时出了问题。另外，由于我一直在使用手机地图来帮我导航来到这个办公室，用光了手机的电量。我当时很担心我没有太多东西可以展示，而且我的脑海里出现了一个想法：我可能会因为技术问题而在旅行了 3 000 多公里后让这场会议半途而废。

多亏房间里的一位客户经理帮我解决了这个问题。他让我连接上了他的手机热点。我松了一口气，几分钟后，我的屏幕上出现了一堆报告。

那时候，我们的报告还没有像后来客户熟悉和喜爱的那种简明的、以业务为中心的界面。虽然当时也会监测各种 KPI，从内容健康度到定价，再从搜索份额到货架份额，但我展示的结果实际上是数百行数据。在与我共同阅读这些数据表格后，在坐的各位外交式地点了点头，其中的一位高管走向了白板。事实证明，那将成为我们公司历史上的一个关键时刻。

那位高管在白板上画了一个表格，下面带有一组框，每个框都表示他希望我们测量的一个关键指标。他说，如果我们可以每天都更新这些指标，并且以一种仪表盘的形式呈现出来，其中有带颜色的卡片和绘制成图表的趋势分析，那对他来说将具有无可比拟的价值。他和他的团队能以比他当时收到的静态报告快得多的速度了解业务状况，还可以将这种信息报告给整个组织。

摆在我面前的是我们一直都想开发但没有设想好的仪表盘。当时就快到感恩节了，我问他我们能否在开发好这个仪表盘后再回来听取他的反馈，他笑着答应了。在回去的航班上，我描绘了这个仪表盘的框架图并且写了一堆有关它的注释，帮助用户界面设计师和产品经理理解。第二周的早些时候，这被转交给了工程开发团队进行开发。我们的团队在假期时也在忙碌，仅仅用了不到 8 周的时间，就让内容分析平台的仪表盘投入生产了。我们终于有了客户一直想要的仪表盘。

自那以后，我们的很多客户都为这个仪表盘的设计和迭代提供了宝贵意见。现在高乐氏、欧莱雅、美泰、三星和其他很多市场引领企业都在使用这个仪表盘。仪表盘经过不断的优化，易于配置，以便使每个供应商的特定业务目标都被包含进来，而某个品类无关的指标，比如最低广告价格（minimun advertised price, 简称 MAP）则可以被移除。这个仪表盘确实是一种供应商为自己设计的产品功能，我们所做的只是写出了这个软件。

SPARCS 仪表盘

内容分析平台的仪表盘将成为所有零售相关业务活动的控制中心，不管是线上还是线下。这个仪表盘支持显示和分析销量、库存数据、广告份额、内容质量和许多其他 KPI。

仪表盘提供了 6 大关键领域的见解，我们称之为 SPARCS。

◎ 销量（sales）；

◎ 建议定价（pricing）；

◎ 品类和可获得性（assortment and availability）；

◎ 评分和评论（ratings and reviews）；

◎ 内容（content）；

◎ 搜索份额和货架份额（share of search and shelf）。

仪表盘可以及时向用户展示昨天业绩表现的快照（如图 3-1 所示），也可以绘制时间序列数据图表，了解数据的随时变化情况。它可以回答"这周的表现和上周比如何"和"本月的表现和上月比如何"等问题。

仪表盘还可以展示两个不同品牌在不同零售商网站上的表现和比较情况。举个例子，假如用户正在销售两个不同品牌的洗发水，用户可能希望看到它们在不同指标上的业绩表现比较，或得到它们的平均业绩以便了解这两种在洗发水品类上的整体表现。

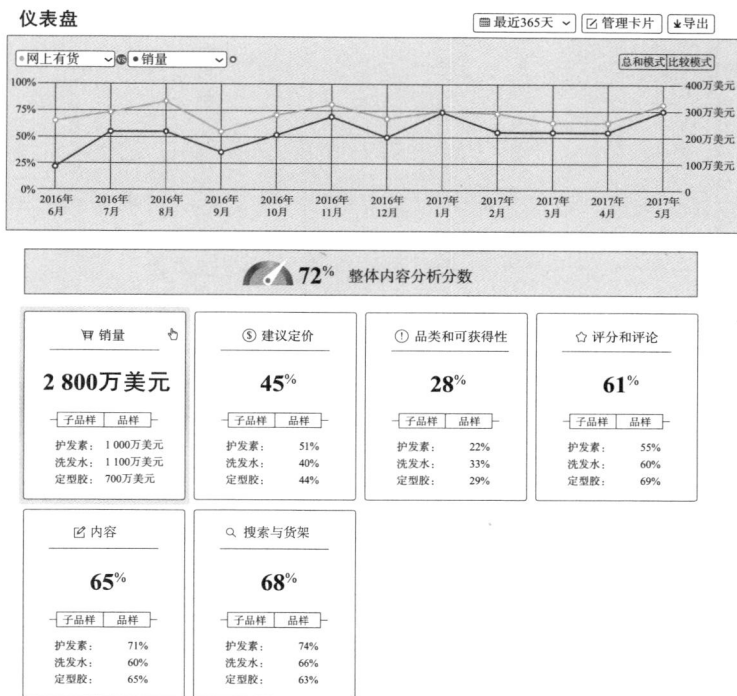

仪表盘

| | 最近365天 ∨ | ☑ 管理卡片 | ⬇ 导出 |

| ∨ 网上有货 ∨ ⊙ ∨ • 销量 ∨ ⊙ | | 总和模式 比较模式 |

72% 整体内容分析分数

🛒 销量 ↻	⑤ 建议定价	① 品类和可获得性	☆ 评分和评论
2 800万美元	**45%**	**28%**	**61%**
子品样 | 品样	子品样 | 品样	子品样 | 品样	子品样 | 品样
护发素： 1 000万美元	护发素： 51%	护发素： 22%	护发素： 55%
洗发水： 1 100万美元	洗发水： 40%	洗发水： 33%	洗发水： 60%
定型胶： 700万美元	定型胶： 44%	定型胶： 29%	定型胶： 69%

☑ 内容	🔍 搜索与货架
65%	**68%**
子品样 | 品样	子品样 | 品样
护发素： 71%	护发素： 74%
洗发水： 60%	洗发水： 66%
定型胶： 65%	定型胶： 63%

图 3-1 仪表盘

仪表盘能发出提醒，这样用户就能直接在收件箱中提前得到紧急问题的通知，比如缺货提醒、定期的状态更新，以及本周销售业绩与上周销售业绩的比较。

优秀的仪表盘需要在一个地方汇集许多不同的数据源，例如从零售商数据到供应商提供的数据，再到从网上爬取的数据

（购物者对你的产品的真实看法）。这正是内容分析平台仪表盘提供的内容。

仪表盘有一个默认配置，但我们通常会与用户紧密合作来配置仪表盘，以满足用户的特定需求。我们也会根据用户、市场和功能的变化来提供定期更新。仪表盘支持多家零售商，包括亚马逊、沃尔玛网上商城、塔吉特等。在仪表盘上，用户可以查看在每一家零售商上的表现或将它们组合起来得到一个汇总视图。当创建特定区域的零售商分组等配置时，这会很有帮助。

仪表盘支持阈值颜色编码，可以让用户根据红色或绿色一目了然地看到哪些指标超过或没达到阈值。这个仪表盘基于一系列被称为洞察报告（insights reports）的详细报告，能够深入反映每个领域的情况，从缺货问题到违反 MAP 的情况，再到货架份额和搜索份额。

洞察报告与全面的提醒绑定在一起。提醒会在超过某个阈值时通知用户，比如销量超过或低于某个特定水平；或只是向收件箱提供每日更新，每日更新一般是本周货架份额与上周的比较情况。提醒的好处是：当某些内容需要引起注意或存在需要了解的更新时，系统会主动通知。

仪表盘有以下两个视图，在这两个视图之间切换是很简单的：

◎ 汇总视图：上面是图表，下面是报告中每个细分部分的
　总结卡片；

◎ 详细视图：上面是图表，后面是每个被报告的指标各自
　的卡片。

我们还可以根据供应商特定的要求来开发定制仪表盘视图。对于定制仪表盘而言，我们通常使用相似的数据（尽管通常会整合新数据），但会以供应商要求的布局和格式呈现这些数据。下面我们来看看仪表盘所报告的每个关键指标。

你的内容分析分数

内容分析分数是将仪表盘上所有的组件指标归总为一个整体分数。可以使用这一指标来跟踪业绩表现随时间的变化以及比较不同零售商、零售商分组和区域的业绩，也可以制作内容分析分数图表来进行趋势分析。本章接下来的部分将深入介绍组成这一分数的组成指标、这些指标很重要的原因，以及使用它们的方式。

轻松预测结果

我们发现很多客户都在使用互相独立的服务、工具或自己开发的电子表格和图表来做销售报告。这种方式让他们很难在一个地方看清全局。这也会给需要载入数据和维护专门报告的供应商带来很多不必要的工作。此外，因为每家零售商的销售数据格式都不一样，所以供应商必须将每家零售商的销售数据转换成他们的工具或定制电子表格可以处理的格式。

内容分析平台简化了整个销售报告流程，支持整合销售报告。通过检索零售商和内部系统中的销售数据，执行必要的转换，然后直接在内容分析平台仪表盘上就可以显示这些销售数据。

洞见 BRICKS TO CLICKS

内容分析平台通过将许多不同的数据源汇集到一个易于使用的界面中，从而简化了整个报告流程。

用户可以在查看销售指标的同时一并查看其他关键业务指标，比如广告份额、内容健康度、库存报告、评分和评论汇总数据。所以如果正在进行一项行动来改善内容健康度状况、增加评论或减少产品缺货状况，就可以在仪表盘上轻松看到这项行动的效果。

我们也可以根据当前的销售数据预测这周或这个月整体的

销售情况，以一种易于理解的可视化形式呈现这个预测结果，并且在桌面和移动设备上都可访问。所以即使你在路上，也能轻松了解本周的表现，并且可以立即做出调整。这比起在智能手机上打开一个包含大量隐藏行和列的 Excel 表格，可要轻松多了！

动态定价，获得持久竞争力

保持对价格的关注在任何地方都很重要，在网上尤其重要，因为在网上比较价格是件很简单的事情。采用动态定价算法的零售商会自动调整商品价格来保持相对其他零售商的价格竞争力。就像股票市场中的自动交易算法一样，有时候这些算法会出错，导致价格升得过高或降得过低。

其他时候，会有第三方卖家入场并以低于零售商网站直销价的价格销售产品。相反，如果零售商卖完了一件商品，市场平台卖家就会入场并制定更高的价格，造成顾客失望和销量损失。

定价 + MAP 报告可以提供持续的价格跟踪。它可以按每周、每天或每小时的频率报告价格，也能提供最近变化的历史（如图 3-2 所示）。可以轻松导出这些历史记录进行详细分析。

图 3-2 单个产品的价格变化历史

用户也可以在报告中导出所有产品的价格变化，其中提供了获取未来定价策略信息的全面定价数据。定价＋MAP 报告支持内置的图表绘制功能，能让用户轻松得到价格随时间变化的可视化表示（如图 3-3 所示）。

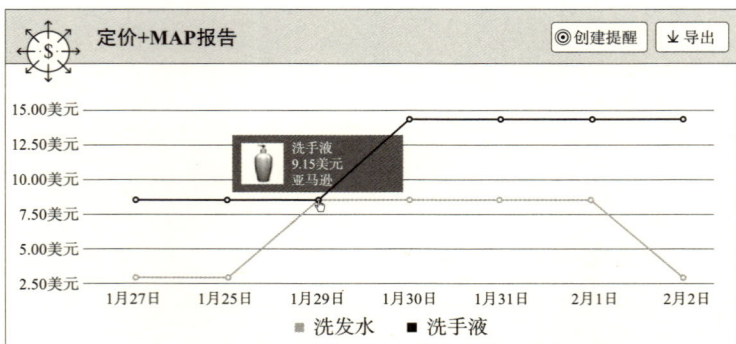

图 3-3 展示价格随时间变化的定价图表

这个系统甚至可以跟踪多个零售商的价格。这能帮助用户了解哪家零售商正在推动价格变化以及不同零售商在产品上的定价差异。如果一家零售商的定价一直比竞争对手低很多或高很多，那么渠道中可能就存在问题。

违反 MAP

最低广告价格是指零售商在宣传供应商的产品时可能使用的最低价格。根据美国小企业管理局（Small Business Adiministration）的说法："根据典型的 MAP 协议，网络零售商不能'展示'任何低于 MAP 价格的价格。"[4] 但要注意，一旦一件产品被添加进了购物车中，零售商就可以以更低的价格出售，因为购物车不被认为是广告区域。尽管供应商与零售商有协议规定不能以低于约定的最低价格进行广告宣传，但很多零售商还是会违反这一政策。

供应商需要一种机制来定期检查违反 MAP 的情况，并在有需要的时候强制执行 MAP 政策。仪表盘可以报告零售商网站上宣传的产品违反 MAP 定价协议的百分比。供应商可以向我们提供一个产品 ID（比如 UPC）和对应的 MAP 价格的列表，系统就会以一般每天一次的频率检查其中的每种产品，以了解广告宣传的价格是否低于 MAP 价格。它会计算以低于 MAP 价格进行广告宣传的产品的百分比，并将该百分比显示在仪表盘上。用户可以点击，然后查看和下载正在违反 MAP 价格协定的具体产品列表。

违反 MAP 价格的信息也可设置成提醒，供应商可以在收件箱中接收 MAP 违反提醒，其中包括违反 MAP 的产品列表、低了多少价格以及 MAP 价格和实际广告价格。提醒和仪表盘的结合意味着供应商可以在出现定价问题时立马收到通知，而且他们还能通过仪表盘跟踪随时间变化的定价状态。强制执行 MAP 定价是另一个问题，在下一章讨论如何使用每个仪表盘指标背后的深度报告时会详细介绍这个问题。

如果没有持续不断地留心观察，很难跟踪违反 MAP 的情况。即使你在线销售的商品只有很少的量，这事实上也不可能做到。新卖家不停地去了又来。第三方以低于 MAP 的价格出售是供应商失去黄金购物车的主要原因，另一个原因是产品缺货。MAP 报告有助于前者，缺货报告有助于后者。

　　除了直接在仪表盘上的 MAP 报告，违反 MAP 详情能让用户了解每一件产品的情况。只需要简单地上传产品列表和对应的 MAP 价格，系统就会自动开始报告，展示那种产品正以低于 MAP 的价格在给定零售商网站上促销（如图 3-4 所示）。

违反MAP报告	⚠ 2个违反		
🔘 洗衣机	B000PJ82X1	MAP: 799.00美元	实际价格: 799.00美元
洗碗机	B01EMO0YZ0	MAP: 549.00美元	⚠ 实际价格: 450.65美元
炉灶	B009C6L0GG	MAP: 999.00美元	实际价格: 10 999.00美元
真空吸尘器	B01EMO10BC	MAP: 399.00美元	⚠ 实际价格: 229.00美元

图 3-4　MAP 违反报告

　　提醒方式很灵活，可以设置只有在价格低于 MAP 价格一定比例或低于某个绝对的阈值之后再发出提醒。

授权经销商报告

　　与 MAP 报告同样重要的是授权经销商报告。这份报告指出了哪些经销商是有授权的、哪些是没有授权的，以及这些经销商对应的产品销售价格。

　　根据这份报告，系统可以识别出在亚马逊和沃尔玛等网站上的第三方市场平台卖家是否具有销售产品的授权。

授权经销商报告很容易设置。只需要上传授权经销商列表，系统就能自动根据这份列表检查市场平台卖家，从而辨别出其中有授权的卖家和无授权的卖家。这能让用户轻松确定无授权的经销商，然后与零售商合作伙伴沟通。

价格可见性

在定价方面，"点网成金"供应商至少在某些品类上需要跟踪的另一个要素是价格可见性（price visibility）。价格可见性衡量的是供应商在给定零售商网站上有多少产品需要供应商将其加入购物车以查看价格。

某些零售商使用"将该商品加入购物车查看价格"的方式来规避 MAP 定义。由于 MAP 协议，零售商不能以更低的价格进行广告宣传，而不展示价格，理论上就没有因价格过高而吓跑购物者的风险。"点网成金"供应商并不喜欢这种"隐藏价格"的方法，原因有二。第一，这是一种规避 MAP 的方法。第二，这会降低购物者购买的可能性。现在的购物者可以精准地关注价格，因为他们能轻松地在不同网站上进行精准购物。如果购物者不能看到产品的价格，他们就不太可能会将其加入购物车中查看该商品的价格。

如果供应商只监控违反 MAP 的情况，那么他们只会在零售商以低于 MAP 价格宣传产品时收到提醒。如果他们还监控了产品不显示价格的情况（价格可见性），那么"点网成金"供应商就能得到零售商产品销售方式的完整图景，包括那些没有宣传价格的产品。价格可见性与 MAP 违反指标结合起来，能让"点网成金"供应商得到所需的全面视角。

永远不应该缺货与丢掉购买键

内容分析平台的仪表盘会提供全面的缺货、库存和黄金购物车报告。

缺货和库存

当我们谈论有无库存时，我们指的是零售商网站上是否有货。这个数据是直接从零售商网站上爬取的，也就是直接在网站的商品页面上查看该商品是否有库存。这可能包括检查给定商品在不同尺寸、颜色和型号上的所有数据。

爬取的数据是真正的购物者视角，就像你让你团队中的某个人亲自访问商品页面，检查产品的状态并将结果记下来，然后再为你关注的每款产品重复这一过程。没有爬取的数据，就是在盲目前进，没法真正了解当购物者在访问网站并且想要找到和购买你的产品时会看到什么。

除了提供真实的购物者视角，自动化收集和报告缺货数据的另一个好处是无须整合。我们只要载入产品列表，就能开始爬取这些产品的数据，能非常快速地知道那些产品是否可以买到。这个过程可以每天进行，结果每天更新。不仅如此，不再需要以人工的方式来访问网站检查产品，在收件箱中就可以查看哪些产品缺货的电子邮件提醒。

仪表盘上的缺货数据是以百分数的形式报告的，并且可以轻松切换成有库存和无库存数据的数值显示。

与我们合作的一家快速消费品客户已经实现了"永不缺货列表"的创新概念。也就是说在永不缺货列表上的产品永远不应该缺货，应该一直可供购物者购买。

这就引出了关键问题，产品究竟为什么会缺货呢？原因通常是商品配置的微小变化。举个例子，应该设置成自动补充的产品没有得到补货。导致这个问题的原因可能有系统故障、人为疏忽或在该产品上运行时出现意外情况。比如，如果一款产品在最初设置时设置了一个特定的终止日期，希望该产品继续销售的市场人员却没有更新这个最终日期，那么当过了这个最终日期后，该产品就会进入缺货状态。该产品就不再能购买了，即使销售它的公司希望继续出售它。

另一种情况是当一款产品得到意料之外的曝光时，会导致其销售速度超过预期。在实体店中，产品布局会根据长期模型提前规划好。产品会根据布局而被放置在货架上，然后货架布局保持静态。某款特定产品热销后，你会看到变空的货架区，通常是位于人眼高度的最优货架区域。

网上的情况则相反，货架区基本总是得到充分的使用。如果一款产品位于某个特定搜索结果（比如"电视机"）的第一个位置，该产品就可能售罄，然后该产品的顶级位置就会被下一款产品占据，依此类推。我们可以举个例子，如果三款排名极高的电视机售罄了，而你的电视机之前排名第四，那么你的电视机就会突然之间跃升至第一的位置。

只需凭借在给定搜索结果中处于第一的位置，产品就会突然之间完成远远更高的销量。短期来看这是好事，因为一款可能从未有过高销量的产品实现了巨大的销量。但反过来你的产品也会在突然之间售罄，这很意外，而且你可能在几天、几周甚至几个月内都不知道这款产品缺货了。突然之间，这款当时带来更高销量的产品却因缺货而导致了销售收入降低！

　　作为供应商，你可能在几天或几周内都不会发现这个问题。电子商务拼的就是速度。如果你每周才收到一次零售商提供的商品库存数据，你不仅是在盲目运营而且还会错失数百万美元的销售额。我们的提醒能即时通知你出问题的地方，仪表盘能显示随时间变化的指标，以便你看清趋势，以及你在实现整体目标上的表现。

　　缺货报告可能极其微妙。不同于货架上是否有产品的实体店库存报告，网上的产品可能有不同的缺货状态。比如，对于全渠道零售商来说，一款产品可能不提供快递送货但提供店内取货，或提供相反的供货方式。我们会与客户紧密合作来确定缺货对他们而言意味着什么，然后在此基础上计算百分比（并标记特定的商品）。

黄金购物车所有权

　　黄金购物车是零售商网站上购物者点击后添加商品到自己购物车的按钮。在亚马逊和沃尔玛网上商城中这是一个"加入购物车"按钮。因为这两家网站黄金购物车都支持一款商品多个卖家，所以卖家可以争夺黄金购物车。当用户点击"加入购物车"按钮时，这些网站本身也可以成为卖家，也就是说购物者会直接从亚马逊或沃尔玛等网站购买。卖家也可能是一个第三方卖家。第三方卖家是指销售电子产品的 BJ's Electronics 和销售家具的 Wayfair 等卖家。在这种情况下，销售会被转交给第三方卖家。这些卖家除了在亚马逊或沃尔玛上作为市场平台卖家进行销售外，通常也会在自家的电子商务网站上直接销售。

很多大型供应商都会根据零售商来组织他们的业务部门和收入来源。比如说，一家大型电子产品供应商可能会区分来自亚马逊、沃尔玛、百思买、家得宝和一些长尾零售商的收入。因此，他们有兴趣了解在给定网站上的黄金购物车占有情况（即该网站本身是向购物者出售产品的直接卖家）。如果供应商 / 零售商网站占有特定商品的黄金购物车的时间仅占 75%，那就意味着有一家或多家第三方卖家拥有另外 25% 的黄金购物车占有时间。这 25% 的销售是通过另一个渠道完成，不能计入来自亚马逊或沃尔玛等第一方渠道的收入。

对于通过市场平台销售自家产品的小型市场平台卖家来说，第三方销售可能很不错。但对于大品牌而言，情况就不同了。在第三方销售时，不仅零售商要分一杯羹（作为将该产品出售给购物者的回报），市场平台卖家也要从中切一块蛋糕。因此，该供应商的零售商销售团队不仅没有因为自己的努力而得到回报，反而还让公司的整体利润下降了。

失去黄金购物车的根本原因通常是价格问题或缺货问题，或两者都有。如果第一方卖家的价格高于某个市场平台第三方卖家，那么该第三方卖家就会赢得黄金购物车。类似地，如果零售商的某款产品售罄了，并且只有第三方卖家出售该产品，那么其中价格最低的那个卖家就会赢得黄金购物车。所以在亚马逊和沃尔玛等支持市场平台卖家的网站上跟踪黄金购物车的所有权是至关重要的。

丢失黄金购物车大多数时候都预示着供应商业务中存在更大的问题。如果第三方的价格一直都比供应商的价格低，那就意味着他们没有遵守与该供应商的定价协议，或者他们已经发现了另一个产品源并且让他们能以更低的价格销售。另外，如果供应商正由于产品持续缺货而丢失了黄金购物车，那就意味着零售商产品的库存不够，需要与采购人员谈谈备更多产品存货。不管哪种方式，"点网成金"供应商可以每日跟踪黄金购物车百分比，这样就能知道是否存在问题，以及是否需要采取纠正行动。

确保产品上架

品类与缺货报告同样重要。当供应商考虑仪表盘上的品类度量时，他们通常是想了解他们认为应该出现在给定网站上的产品中有多少真正出现在了该网站上。这不是衡量这些产品是否缺货，而是衡量零售商究竟是否上架了这些产品。

供应商对自己上架某网站的品类的看法和实际上架情况之间会在什么时候出现差异呢？可能有几种情况。产品可能从未被上传过。零售商同意上架该产品，供应商也同意将其出售给零售商，但这款产品却从未被上传到网站上。也许没有人提交它来进行设置，也许提交了但在设置信息上遇到了问题，也许网站存在技术问题，商品在上面，但只是因为技术故障而没有在结果中显示。

对于品类度量，供应商可以向我们提供一份特定的产品列表，然后我们将其与网站提供的商品进行比较。"点网成金"供应商会坚定不移地确保应该在零售商网站上架的产品实际上都上架了。

每件产品至少要有 21 个评论，不低于 4 星的评分

超过一半的网络购物者会在做出购买决策之前阅读评论。[5]

评分和评论是衡量购物者对某款产品喜好程度的关键指标，汇总到一起后，它们能很好地衡量消费者对一个品牌的满意度。评分与评论也可作为产品问题的早期指示器。如果一款产品一般有 4 星和很好的评论，可在突然之间却收到了大量 1 星或 2 星差评，那通常说明出现了该品牌需要快速纠正的生产、包装或运输问题。

"点网成金"供应商会仔细监控产品评论，这既能衡量消费者对品牌的整体满意度，也能让他们快速了解是否存在问题。在评分和评论方面，我们通常会监测两个指标：评论数量和评分星级。"点网成金"供应商希望每款产品至少有一个评论，理想情况是每件产品至少有 21 个评论。我们跟踪的一项衡量标准是评论覆盖率百分比，即供应商的产品中至少有 1 个评论的产品所占的百分比。我们也会跟踪评分："点网成金"供应商希望产品在 1 到 5 星的评分标准上获得至少 4 星的评分。如果评分低于 4 星，则说明购物者对他们的产品不满意。

"点网成金"供应商希望能跟踪以下指标并收到提醒：

◎ 新的差评，以便快速采取行动；

◎ 评论数量少的产品，以便寻找增加评论的方法；

◎ 得到了特别好的评论的产品，以便识别可能有助于其他
产品的模式和趋势。

如图 3-5 所示，产品评级（product ratings）报告详细报告
了哪些产品在评论方面表现出色，以及存在怎样的机会。

产品评级		◎创建提醒	↓导出

		★★★★★	★★★★	★★★	★★	★	平均	总评论数
	发泥	1 393	210	107	92	135	4.8	1 938
	定型啫喱	950	140	83	76	131	4.2	1 381
	定型喷雾	949	173	65	46	72	4.5	1 305
	发蜡	426	80	34	21	56	4.3	617

图 3-5　展示评论数量和分布的产品评级报告

在推出新产品时，某些大型的"点网成金"供应商会利
用评论活动来为产品增加评论。在亚马逊上，这项功能被称为
Amazon Vine。其他大多数网站都没有亚马逊这样的授权评论者
项目，但 BzzAgent 这样的口碑营销公司可以使用一个消费者网
络来发起评论活动，这些消费者可以通过评论产品来免费获得
这些产品。

尤其是当推出新产品时，跟踪特定产品的评论随时间增加

的能力是很有帮助的。这正是评分趋势（ratings trends）报告提供的能力，不仅能看到整体评论数量的变化情况，而且还能看到每个评分等级的变化情况。

内容健康度检测

我们衡量的另一个关键领域与产品的网络内容健康度有关。我们在前面的章节中已经花了大量篇幅来讨论内容，仪表盘会将这些信息汇总成几个可以持续跟踪的关键内容指标。

内容健康度很重要，因为这衡量了商品在各自商品页面上的网络呈现效果。比如，如果商品页面没有图像，最好的情况是购物者没有用来评估该商品所需的信息，最糟的情况是购物者会误认为这款实物商品存在问题或断货了。没有图像、图像很差或缺少多张图像，不管是哪种情况，都会对品牌和商品造成不良影响。

我们将各种不同的单独衡量标准融合成了一个整体内容健康度分数。我们通常会将内容健康度分数分成不同的商品百分比，其中包括高优先级问题的商品、中优先级问题的商品和缺少增强型内容的商品。

我们也会检查以下指标：

◎ 在零售商网站上展示的商品主图像与供应商提供的商品
主图像是否匹配？主图像可以是由供应商提供的图像，
也可以是在另一家零售商网站上的图像，供应商可能认
为他们的内容尤其强大。

◎ 零售商网站上有多少比例的次级 / 替代图像与供应商希
望看到为该商品展示的主图像匹配？

◎ 有多少比例的商品在产品标题中至少包含一个该商品所
属品类或子品类的关键词？比如，尿布的产品标题中是
否包含"尿布"这个词？

◎ 有多少比例的商品在产品描述中至少包含一个该商品所
属品类或子品类的关键词？类似地，对于尿布，其产品
描述中是否提到了"尿布"一词？

最终我们将这些指标汇总成一个分数（可以使用不加权或
对某些特定因素的外加权的方式来计算），这就是供应商的内容
健康度分数。

图 3-6 给出了一个内容健康度报告示例。圆圈内的分数是
商品的整体健康度，可以点击任意一行查看应该采取行动的具
体商品。内容健康度报告可以根据业务细分领域、产品列表、
部门和品类进行定制，并且可以针对任何零售商进行生成。

如果有多条产品线、品牌或业务细分市场，可以将它们分成不同的列表，而且可以选择多个列表以了解整体的内容健康度状况。

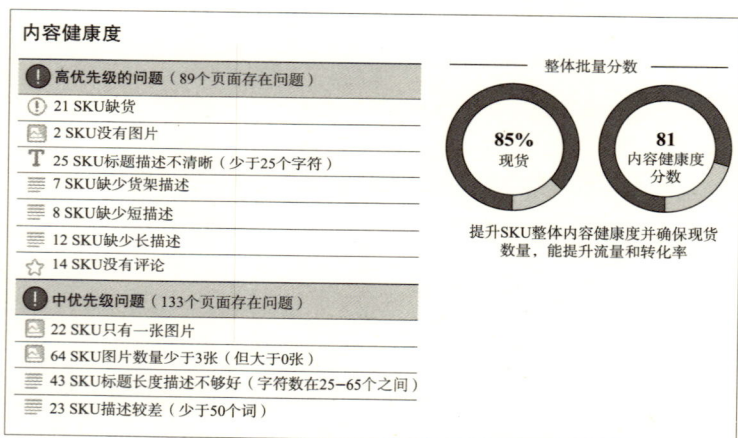

图 3-6　内容健康度报告

在内容健康度报告中，我们可以通过问题类型给商品分组：高优先级、中优先级和内容健康度优良的商品。该系统设置了一组默认的规则，这些规则基于我们在零售商和供应商上的大量经验，确定了问题的分类方式和任何给定问题的重要性。这些规则可以基于特定需求轻松配置。比如，如果你想增加图像数量的最小阈值或让视频成为获得优良内容健康度分数的需求，是可以很轻松做到的（如表 3-1 所示）。针对每家零售商配置特定的规则也很简单，比如你想在亚马逊上坚持使用一个特定的最小图像数量，而又想在沃尔玛网上商城使用另一个不同的最小图像数量。

表 3-1 **内容健康度最佳实践**

分类	最佳实践	理由
图像	3 张或更多张高分辨率图像	当顾客看到他们正计划购买的产品的清晰图像时，他们购买的意愿会显著增强
产品描述	15 个词或更多	描述越长越好，有助于搜索引擎列表，并且能为客户提供更多帮助完成购买决定的信息
产品标题	50~70 个字符	超过 70 个字符的标题难以在移动设备上阅读，少于 25 个字符的标题往往会缺失关键信息
增强型内容	至少一份增强型内容	事实证明，视频、PDF 和对比表能提升转化率
评论	21 条或更多条评论	更多的评论能提升转化，产品收到的评论超过 21 条时效果最好

高优先级问题通常存在缺失图像和产品描述的长度少于 25 个词等元素。因为这些都是必不可少的。如果一款商品没有图像，或描述只有几个词，那它在搜索结果中的表现不会很好，而且就算购物者确实找到了它，他们也很可能因内容质量糟糕

而不购买它（所有阈值都可自己设定）。

中优先级问题包含一些内容要求，比如图像数量、图像的分辨率是否高（以便可以放大）、描述是否足够长（不仅仅是满足最低要求），以及商品是否包含视频等增强型内容。

我们也可以监测商品页面是否包含更丰富的内容，或是否在页面上直接嵌入了视频、360 度视图或 PDF 等内容，并将这些因素作为内容健康度的一部分。这些指标因素包含在富媒体卡中。

"点网成金"供应商至少会跟踪高优先级问题的商品的百分比，然后尽可能地降低该百分比。

跟踪货架份额

货架份额和搜索份额位于仪表盘的搜索与货架（search and shelf）部分。想一想你上次网购一台新电视机的情景。你有两种方式可以访问你有兴趣评估的一系列产品。一种方式是使用网站导航，首先点击"电子产品"，然后点击"电视机"，也许还会细化到一个热门的新领域，比如"4K 电视"。至此你会看到出现在货架页面上的结果，这个页面是在该网站的层次结构

下特定大类 – 品类 – 子品类的结果。货架页面是指购物者导航
到达的页面，通常使用了零售商网站左侧的导航栏。

货架份额是指品牌或公司的商品在数字货架商品中所占据
的百分比。假设当你在浏览电视机页面时，第 1 页中共有 20 个
结果，在这 20 个结果中有 5 个来自同一品牌，那么这个品牌的
货架份额就是 25%。

现在假设电视机下还有不同的货架页面，比如便携式电视、
高清电视和曲面电视。在这种情况下，为了衡量货架份额，我
们会计算各个货架页面上的份额，然后整体求平均得到整体货
架份额指标。仪表盘仍然可以显示品牌各个页面上的份额，但
在高层面上，用户可能更有兴趣首先知道品牌在范围更广的货
架页面上的表现，然后再深入了解细节。这个整体百分数是品
牌货架份额。

我们甚至可以计算多个网站上的货架页面，比如计算亚马
逊、沃尔玛网上商城、塔吉特和百思买网上商城上的结果以得
到用户在这 4 个网站上的电视机整体货架份额。我们可以将这
个结果与线下份额、设定的特定目标或两者同时进行比较，而
且还可以得到这个结果随时间变化的趋势，让用户了解品牌份
额是在提升、保持还是下降。我们还可以查看更详细的货架结

果分析，比如看仅前 3 个位置、前 10 个位置、第 1 页或前几页的结果。大多数客户都想得到基于第一页结果或仅前三或前十个结果的货架份额。

我们可能会根据份额建议用户修改内容或增加付费活动来增加品牌在货架结果中的位置。但第一步是给"点网成金"供应商提供方向，即跟踪在至少一家供应商网站上的份额，之后再跟踪在多家网站上的份额，这样就能看到在各个零售渠道的份额对比情况了。

更新搜索份额，全面呈现你的产品

得到一组电视机以进行评估的另一种方式，是在零售商网站的搜索框中输入搜索关键词，比如"4K 电视机"。这会得到与该搜索词有关的一组结果。简单来说，你不是在导航，而是在搜索，使用搜索词的方式就跟你使用谷歌等搜索引擎搜索信息一样。

如果没有有意义的搜索结果份额，购物者将无法看到你的产品。统计结果表明，任何给定搜索的前 3 位搜索位置的产品所收获的点击量超过总点击量的 60%。[6] 全面的搜索份额报告包括跟踪至少几十个搜索词（在电视机的情况中，可能包括的词有"电视机""电视""4K 电视""超高清电视""曲面电视"等）。更典型的情况是针对某个分类（比如电视、平板电脑、手机和其他电器）要基于数百个搜索词来完成搜索份额跟踪。

和货架份额一样，我们当然可以查看在单个搜索词上的份额，但我们通常都首先查看在大量搜索词上的整体份额。我们可以仅评估前 3 个搜索结果、前 10 个搜索结果、整个第 1 页或前几页。大多数客户都让我们监测在前 10 个结果或第 1 页中所占的份额。通过监测搜索份额，我们通常可以识别出有价值的机会，比如应该出现在搜索结果第一页的产品却没有出现。

你可以直接在仪表盘上翻转那些卡，查看构成你的整体分数的每个搜索词上的搜索份额。这能让你立马了解你在哪些地方做得好，哪些地方还需投入。

和缺货报告一样，搜索份额和货架份额在测量方式上有微妙的区别。举个例子，假设有一位购物者在一个同时支持第一方和第三方（市场平台）卖家的网站上搜索"尿布"，那么结果中仅由市场平台卖家提供的商品应该被算在货架份额和搜索份额结果里吗？或是只计算第一方卖家的商品？

某些品牌（或具体到这些品牌的某些团队）希望只看到第

一方商品的结果。大品牌的第三方销售不能算成特定品牌零售商团队(比如沃尔玛网上商城团队或亚马逊团队)的销量。因此，他们只想在份额计算中包含第一方结果。但与我们合作的另一些品牌则认为任何来自他们品牌的商品，不管是来自第三方卖家还是由网站直接销售的，都应该被包含进来。

我们将这种依品牌而定的份额计算方式称为基于品牌的份额。我们将另一种备用的计算份额的方式称为基于列表的份额，因为这种计算方式基于一个特定的产品列表。

这两种方式都是有效的。大多数"点网成金"零售商都有自己的看法，他们在选择使用哪种方法在仪表盘上呈现有自己的偏好。在某些情况下，他们会要求我们将两种计算方式的卡片都纳入进来，这样可以比较和跟踪这两组结果。

仪表盘提供了搜索词的汇总报告，而洞察搜索份额(insights share of search)报告则提供了搜索词的详细报告。洞察搜索份额不仅能看到自己的份额，还能看到竞争对手的份额。用户可以轻松看到产品排名好的关键词有多少，以及是哪些。

> **洞见** BRICKS TO CLICKS
> 排名是指给定关键词的搜索结果中出现所需商品的数量。排名也被称为展示位置。

搜索份额可以进行一次性导出或定期导出，定期导出对需要定期生成的大数据导出而言非常有用。如图 3-7 所示，可以将搜索份额绘制成易于查看的图表，提供及时快照，趋势分析视图可以轻松了解在给定时间段内的表现。

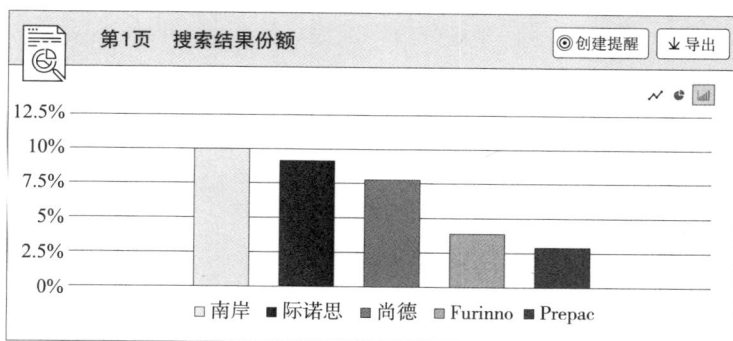

图 3-7　搜索份额快照视图

你可以轻松导出任何图表以及原始数据，并将其包含在演示文稿和业务报告中。

从分类中看到最大提升机会

"点网成金"供应商会以多种方式划分仪表盘中数据的视图。较小的供应商会坚持使用名为产品列表的项目列表。这些都只是 URL 列表，其中每个 URL 都对应零售商网站上的一个商品页面。这种列表的例子有 2017 年春季、电视机、前 300 名商品等。列表是在仪表盘上组织产品的最简单方法。URL 列表可以根据 UPC 码、工具 ID（沃尔玛网上商城的情况）、ASIN（亚马逊的情况）、TCIN（塔吉特的情况）和其他码或 ID 来轻松生成。

具有多个分部或业务部门的公司往往会在仪表盘上使用一种更为全面的分类方法。这种分类可以根据大类、品类、子品类和品牌进行，搜索份额的搜索词也可以与分类中特定的分组相关联（比如将与尿布相关的关键词与尿布品牌关联，将与剃刀相关的关键词与剃刀品牌关联）。分类视图尤其有助于理解各个业务部门的表现，以及执行多个业务部门的比较。比如，管理者可以快速确定哪些品牌有最大的提升机会，并将他们的精力集中到这些品牌上。

定制仪表盘

基于我们与供应商的合作，我们已经开发出了一款全面的仪表盘，现在宝洁、欧莱雅、三星、李维斯、美泰、高乐氏等很多品类龙头公司都在使用它。这款仪表盘的开发是我们与供应商真正合作完成的，供应商持续不断地提供了它们关心的指标以及它们想要的关键数据的呈现方式，包括仪表盘和提醒方面。

即便如此，某些供应商还是想要特定于自身业务的定制仪表盘视图。例如，我们合作的一家供应商已经开发出了用于报告我们本章中讨论过的一些关键指标的内部方法。他们过去是将这些指标汇总成一组关键的类别，其中一个卡片表示一个指标。而且，根据选择与自身业务相关的组成指标设计了一种特有的整体分数计算方式。我们根据我们已有的功能，在大约一个月内就为他们开发出了定制仪表盘。

其他供应商有特定的时间要求。例如，我们合作的一家供应商每周一早上的第一件事就是向他们的领导报告。他们使用周六作为那一周的基准，所以我们要在周六为他们收集和生成报告。在那一周里，我们仍然会每天都收集数据，但他们报告的数据来自我们周六的运行结果。

全球视图

全球性的"点网成金"供应商需要对他们的业务有一个全球视图，所以我们的仪表盘支持多个不同国家的全球报告。全球化不仅意味着我们要收集全球多家零售商网站上的业绩数据，而且还意味着需要将它们呈现在仪表盘中。

使用仪表盘，可以查看单个零售商网站上的数据、某个国家的所有网站上的数据、某个地区所有国家的数据，以及全球整体的数据。可以将这些数据汇总结果并展示平均结果，也可以并排对比两个网站、国家或地区。

热图，每个指标都指向业绩

在这一章中，我们介绍了很多不同的报告细分功能。绘制图表对趋势分析而言很有用，但另一种可视化表示形式热图（heatmap）对理解整体业务的表现更为有用。假设想根据每个KPI了解所有业务细分领域的业绩，使用内置的热图支持，可以并列展示所有品牌，以及在报告的特定部分查看它们各自的表现。

如果没有热图，就必须浏览每个相关细分领域内的每个品牌，并记下该品牌的业绩表现。使用热图，可以快速确定哪些品牌表现好，以及哪里还有提升的机会。

让采购方开出更大的订单

"点网成金"供应商不仅使用仪表盘来做内部报告，而且还将其用在外部报告中。我们的很多供应商都将仪表盘带到了他们的采购商会议上，并且使用仪表盘来进行新年准备会议和季度业务回顾。这让供应商可以突出自己表现优越的特定领域，以及他们希望零售商进行改进的领域。

举个例子，沃尔玛生态系统非常关注高质量内容的提供。某些供应商一开始时内容健康度很糟糕（缺少图像、图像很少或图像质量差），这往往是因为他们过去只做实体店销售，没有网上销售的经验。之后他们齐心协力改善了内容，内容健康度分数也因此得到了提升。他们希望向采购商突出强调这个过程，另外需要指出的是，这一过程被追踪了很长时间。

再举个例子，供应商可能希望向采购方证明该采购方需要定期订购更多产品。如果供应商的缺货率在过去几个月或几个季度中一直保持稳定，那么采购方就需要知道这一点。向采购方展示缺货率的趋势分析是一种说服采购方的强有力方式，能让采购方相信需要开出更大的订单和采购更多该供应商的产品。

本章介绍了"点网成金"供应商会跟踪和优化的很多指标，以实现最大的销售额。"点网成金"供应商不仅使用仪表盘来报告电子商务指标，而且还会将其用于报告实体店的销售业绩，以便将所有的数据都集中到一起。他们已经将其当成了业务运营的控制中心。

结合这一点，他们会配置提醒（或让我们为他们配置）以了解何时需要采取紧急措施（比如当产品缺货时），而且这样也能直接在收件箱中收到业绩更新。"点网成金"供应商已经认识到仪表盘能让他们做到下列事情：

◎ 在一个地方就能看到对业务很重要的关键指标，包括整合多个数据源（网络、零售商和内部）以及来自多个零售商和区域的数据；

◎ 获得业务表现的快照和查看趋势分析；

◎ 轻松看到存在改进机会的地方；

◎ 设置业务目标并使用仪表盘来管理它们；

◎ 向领导报告业务表现。

使用内容分析平台的"点网成金"供应商不仅能深入了解自己的业务，而且还能采取行动来改进，从而为销售情况带来有意义的提升。

04

面向新型购买途径，重获反超先机

BRICKS TO CLICKS

WHY SOME BRANDS WILL THRIVE IN E-COMMERCE
AND OTHERS WON'T

内容分析平台为我们提供工具，不是为
了让我们看到结果，而是为了确保我们
能领先。

—— 美泰公司

激活全渠道

2016 年，是使用内容分析平台的"点网成金"供应商美泰在沃尔玛网上商城取得有史以来最好业绩的一年。他们针对沃尔玛网上商城的出货量相较上一年提升了 39%。这高出研究公司 NPD 预测的行业平均水平 7% 的 5 倍以上。正如美泰公司说的那样："我们之前从未看到过这样的数字。"美泰是世界上最大的玩具制造商之一，年收入近 60 亿美元。

时间倒回到几个月前。美泰当时看到了一个巨大的机会，它看到电子商务正在增长，而且知道前进战略的核心是需要一种成功的全渠道激活方法。

与此同时，美泰当时也面临着巨大的复杂性。它有数千种商品通过多个渠道销售，需要一种跟踪和改善定价、缺货率和产品线上展示的方法，它需要一种能实现端到端控制的完整解决方案。美泰在内容分析平台中找到了自己的答案，这完美契合公司对最佳全渠道管理的关注。美泰立马就实现了原来的许多目标：

◎ 提升内容健康度；

◎ 改善缺货率；

◎ 拥有黄金购物车。

下面将介绍美泰是如何做到的，以及你将如何做到。不管你是刚刚开始做电子商务，还是已有数百甚至数千种商品在网上销售，这都将对你有所帮助。

提升内容健康度

有了新的电子商务工具，美泰的第一步是解决之前认定的一大关键障碍：内容质量。提升内容质量很快会带来显著效果，实现更高的销量。它使用内容健康度报告来确定需要改进的产品，其中需要改进的方面包括优化标题和产品描述、增加针对搜索优化的关键词、添加或改善照片和视频。它利用了内容分析平台内置的编辑功能来执行内容更新。基于这项工作，美泰稳步提升，直到实现了完美的内容健康度分数，而且还在继续监控和维持这个分数。

因为有很强的可操作性，内容分析平台的内容健康度报告已经成为行业标准，它能提供提升商品页面内容质量所需的确切信息。

改善缺货率

美泰的第二步是降低缺货率。美泰组合式地使用了缺货报告和提醒来确定缺货问题，以及在问题发生时采取行动。使用报告和提醒，可以将自己的反应时间减少 5 天。其中的一个结果是，美泰将女孩产品品类的缺货率从 43.7% 降到了 16.3%。图 4-1 给出了缺货提醒的一个示例。

和其他提醒一样，你可以配置缺货提醒只发送给自己，也可以发送给组织内的其他人，这样每个负责解决供应链和库存问题的人都能同时得到通知。

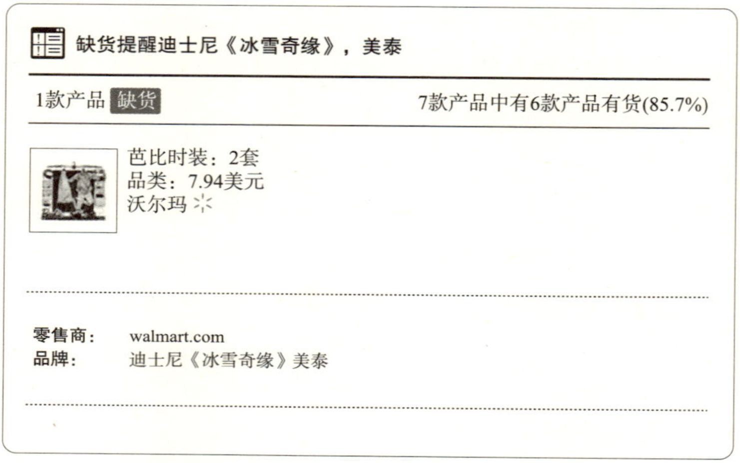

缺货提醒迪士尼《冰雪奇缘》，美泰

1款产品 **缺货**   7款产品中有6款产品有货(85.7%)

芭比时装：2套
品类：7.94美元
沃尔玛 ☀

零售商： walmart.com
品牌： 迪士尼《冰雪奇缘》美泰

图 4-1 缺货提醒

拥有黄金购物车

美泰的第三步是确保尽可能多地拥有黄金购物车。在亚马逊和沃尔玛网上商城上，当卖家赢得黄金购物车时，该卖家就会成为购物者将该商品加入自己购物车时的默认卖家，从而得到这笔销售。如果一个卖家给一款商品的定价高于其他卖家或该商品缺货了，那么该卖家就会失去该商品的黄金购物车。

第一方供应商会与销售同样商品的市场平台卖家不断争夺黄金购物车。所以当美泰公司的商品缺货时，第三方（市场平台）卖家就会赢得黄金购物车。结果就是买家以更高的价格完成购买（美泰不会因此获得额外的收入）或放弃交易。这种对控制权的丧失会同时损害零售商和美泰的价值。

美泰使用内容分析平台的定价工具来接收价格过高的通知。然后就能通知零售商采购人员，让他们降低产品价格以维持对黄金购物车的所有权，从而让零售商和美泰完成更多销售。

每当有第三方卖家获得黄金购物车时，美泰都会收到内容分析平台的提醒。根据这些提醒，美泰实现了一个突破。他们决定将美泰设置成一个市场平台卖家，这样他们自己就成了沃尔玛网上商城市场平台中同样商品的第三方卖家。因此，美泰商城（Mattel Shop）诞生了，展现了"点网成金"供应商美泰的创新能力。

当美泰的某款商品在沃尔玛网上商城上（直销）脱销时，美泰商城就会以第三方卖家的身份接手以确保拥有黄金购物车。这不仅保证了品牌权益，维护了对客户体验的控制权，并且获得了来自沃尔玛的客户交易。更重要的是，在以第三方卖家身份运营美泰商城的第一个月，美泰公司的销售额增长了160万美元。

美泰公司很谨慎地让美泰商城的定价仅稍微高出沃尔玛网上商城直接定价一点点。这样，美泰就永远不会被零售商夺走黄金购物车，不会出现两个直销业务互相竞争的情况。

未来

美泰已经为已有的市场努力设立了 4 个清晰的目标：

◎ 实现长期的全渠道成功；

◎ 改善报告和供应链以支持全渠道整合；

◎ 整合流程以改进渠道管理和沟通；

◎ 优化移动购物体验以推动研究和转型。

在与我们合作的传统实体店供应商和零售商当中，全渠道必须是它们的首要目标之一。据 UPS 和 Comscore 的一项联合研究发现，购物者网购次数首次超过了实体店购物次数，现在有超过 50% 的购买都是在网上完成的。[7] 如果只看千禧一代的购物者，网购比例甚至还要更高，千禧一代现在有 54% 的购买是在网上进行的。网购已经落地生根，供应商和零售商都渴望把它做好。

一项涵盖 46 000 位购物者的研究表明，全渠道产品销售确实奏效。全渠道购物者比单渠道购物者花钱更多。在该研究中，全渠道购物者的实体店消费比单渠道购物者多 4%，网上消费多 10%。[8] 全渠道购物者也更加忠诚，在一次全渠道购物经历之后，购物者 6 个月内"再次购买的情况要多出 23%"。

甚至此前只做线上零售的亚马逊也在采取行动，推出了 Amazon Go 商店。Amazon Go 是亚马逊的下一代购物体验实体店，没有结账过程。Amazon Go 不同于大多数商店的地方是可以自动识别消费者从货架上拿走了哪些商品。[9] 这项用于跟踪消费者店内行为的技术，比如识别特定的店内行走路径，已经存在一些时日了。但这是第一次将消费者的个体行为（从货架上取下商品）与商品关联起来。在通常情况下，消费者的行为会被聚合成一个更一般的模型，然后用来改进商店和货架布局。

尽管 Amazon Go 商店展现了商店很有希望的未来前景，但很多供应商和零售商关心的是此时此地的全渠道体验。

零售商是实体店体验的最终控制者，然而零售商对伴随实体店体验的数字体验，以及与全渠道体验相关的报告有很大的控制权。在通常情况下，当人们谈到全渠道时，他们说的是实体店和线上商店的组合。但有了一直联网的移动设备以及人们越来越倾向于在这些设备上购物时，移动本身也应该被视为全渠道中的一大重要渠道。在智能手机上的购物行为逐年持续增长，现在大约有 63% 的千禧一代在移动设备上购物。现在美泰这样的"点网成金"供应商已经成功实现了很多核心电子商务优化的目标，它们的下一步将会是优化跨实体店、PC 端设备和移动端设备的全渠道体验。

消失的库存去哪儿了

再将目光投向零售商一方，优化库存是我们最常解决的难题之一，也是我们发现的最常见问题之一。我们合作的一家零售商曾经一直有库存失踪的问题。这不是说库存丢失或被盗，而是库存信息流显示有库存，但网站上却莫名其妙地显示没有库存。到底发生了什么？消失的库存去哪儿了？

与缺货报告相反，当我们谈到库存时，我们通常是指我们直接从零售商或供应商的库存管理系统里收到的数据流或库存状态文件。在供应商的情况下，这通常适用于供应商直接送递产品的情况，比如直发供应商或市场平台卖家。库存数据通常来自一个后端库存管理系统，该系统会跟踪每款商品的当前库存量。

从表面上看，库存数据和零售商网站上报告的有货 / 缺货状态应该是相同的，然而供应商和零售商都知道情况并非总是如此。

在我参加过的前景会议中，有不止一场我曾认为这会是我期待的会议。在这个会议上，他们会告诉我他们根本不需要缺货报告，因为他们已经妥善处理了。但实际上，我从没有遇上过这样的会议。在多数情况下，我参加的前景会议上都充斥着新鲜出炉的缺货报告（真正的购物者观点），而且只会听到有人喊："慢着，我认为这些产品有货！"

零售商系统设置、实物产品来源和日常时间问题错综复杂地组合到一起，共同决定了产品在零售商网站上显示有货还是缺货。为了解决这个问题，我们做的第一件事是设置一个从零售商的库存系统（他们用的是 GSI Commerce）到我们的每日库存数据反馈。其中不存在什么复杂的整合，只是从他们的库存系统到我们的简单数据转储，然后我们开始在他们的网站上爬取同样的商品。根据这些数据，我们马上就能看出库存系统报告的库存和网站向购物者展示的可购买库存之间存在的巨大差异。

更重要的是，我们可以确切地指出库存系统的报告中有哪些产品与该零售商网站上显示的产品不同。在此之前，零售商只知道自己有个大问题：有大量库存都神秘地消失了，但他们不能确定哪些产品出了问题。

有了具体哪些产品在库存系统中和在网站上的数据不一样的信息，零售商就能跟踪这些缺失的商品了。总体而言，我们已经帮助该零售商每月找到超过 60 000 件库存了，这些都是应该在网站上销售却没出现的——否则这些价值数百万美元的库存就不会被销售出去。在这个过程中，我们也帮助该零售商提升了整体的客户满意度，因为对客户来说，找到他们想购买的产品的商品页面之后却发现产品缺货，一定让人沮丧透顶。而对零售商来说，也许更让人沮丧的是手里明明有购物者想购买的产品，却没法出售给他们。

如你所见，零售商或供应商提供的数据和网络上爬取的数据之间的交集是非常有用的。当我们将多个数据源按这种方式汇集到一起时，我们可以为我们的客户创造有意义的新见解，这些见解是无法通过各自分开提供的数据得到的，甚至可能完全没有提供。

领先机会

对很多供应商和零售商而言，电子商务曾经只是一个不够大的渠道，不值得投入，直到突然之间值得了。由此造成一个结果，很多实体店零售商和供应商等待了太长时间，以至于无法确立在电子商务领域的领先地位，但机会还有很多。

这里是我们的一些供应商客户在他们各自的垂直领域取得领先地位的方法：

电子产品：

◎ 多个专管电子商务的人；

◎ 全面的业务报告仪表盘；

◎ MAP 报告。

快速消费品：

◎ 卓越的电子商务中心；

◎ 库存优化；

◎ 强大的跨零售商定价分析；

◎ 品牌完整性（brand integrity）监控；

◎ 全面的内容优化。

服饰：

◎ 跨所有主要零售商电子商务渠道的报告；

◎ 自动检查品牌完整性，包括描述、图像和视频；

◎ 简明高效的多零售商内容更新；

◎ 针对规模进行优化。

家居：

◎ 改善图像（图像更多且分辨率更高）；

◎ 简明高效的商品设置过程。

4 步取得领先地位

基于我们的工作，我们确定了 4 个在电子商务领域确立领先地位的关键步骤：

◎ 出现在网络上；

◎ 使用能推进快速持续改进周期的指标；

◎ 采用最小可行产品（MVP）的方法；

◎ 拥抱新型购买途径。

出现在网络上

第一步是出现在网络上，可能看起来很简单和理所当然，但我们谈论的很多前提仍然还在于建立它们在网上的存在感。

当我们分析一家大型加工食品生产商在几家主要零售商网站上的商品页面时，我们发现他们的商品网上有售。这看起来是个好消息，但是该食品生产商并不是任何商品的直接卖家，由此导致第三方（市场平台卖家）在亚马逊和沃尔玛上面列出了该公司的商品进行销售。这家公司对品牌／产品没有任何控制权。

这个供应商的产品售价千差万别，而且与购物者在商店内购买同样产品的预期价格完全无关。大多数市场平台卖家使用的图像很糟糕，低分辨率图像不能充分展现产品，而且这些图像的质量往往比供应商自家品牌网站上的图像还差。另外，该供应商的产品没有为在零售商网站上的搜索中的最大可见性进行优化。

当我们最早与这个供应商交谈时，我们意识到他们还没有进入优化阶段。他们当时还处于起始阶段，让产品上线。为了让产品上线，"点网成金"供应商会遵循一些关键步骤：

◎ 确定要上线的产品；

◎ 设置这些商品；

◎ 为这些商品创造最佳的内容。

为了帮助新供应商起步，我们通常会展示以下范例：最佳电子商务供应商的内容健康度审核、包含出色内容的优化完成的商品页面和搭建完成的电子商务报告仪表盘。这能让新供应商快速体会胜利的滋味。

当然，在零售商网站上出售商品并不是就完成了工作，创建内容引人注目的优秀品牌网站也很重要。这意味着不仅要把高分辨率图像、优化的产品描述和视频放在零售商合作伙伴的网站上，而且还要放在品牌自己的网站上。幸运的是，内容分析平台不仅能为零售商产品展现提供报告和建议，还能为品牌网站做同样的事（如果有的话）。一旦供应商将自己设置成了电子商务零售渠道的直销供应商，并且有了搭建完备的品牌网站，就能更好地控制（或至少能影响）品牌在网络上的形象了。

使用能推进快速持续改进周期的指标

很多供应商都使用我们提供的报告指标来推动个人、部门、公司和合作伙伴层面的改进提升。指标通常用于激励行为。

◎ **内部度量：** 热图能比较公司内不同部门和品牌的业绩表现，从而能管理和优化整体投资组合。跨零售商热图能看到在不同零售商上的改进机会，当各个销售团队都专注各自的特定零售商时，这会尤其有用。

◎ **外部度量**：供应商可以使用内容分析平台的竞争见解模块来评估外部竞争。这个模块支持品牌分组，每一组都可以有一个主品牌（自己的品牌）和多个竞争品牌。管理着投资组合的"点网成金"客户，会设置多个品牌分组以便检查每个品牌。

◎ **基于时间的度量**：供应商会在内部指标和外部指标上使用基于时间的竞争来激励业绩增长。供应商希望确保产品能随时间持续表现良好，而且也希望看到指标从一个测量周期（比如周、月、季度或年）到下一个周期的持续提升。

◎ **客观度量**："点网成金"供应商希望出类拔萃。内容分析平台内置有我们根据行业最佳实践和持续进行的统计分析所开发的指标。供应商可以根据这些指标来衡量自己，以确保遵照了这些最佳实践的做法。

◎ **"点网成金"度量**："点网成金"供应商希望网络销售份额能比肩或超越他们已经投资了很多年的实体店市场份额。因此，他们往往会使用他们的实体店销售数额作为数字货架份额和搜索份额的衡量基准。

指标本身固然重要，但同样重要的还有"点网成金"供应商让这些指标发挥效用的方式。很多成功的"点网成金"供应商都采用了一个关键方法，即定期执行覆盖范围广的内部报告。某些供应商是每天一次，其他一些则是每周一次。不管频率如何，测量方法的一致性和所得指标的分布是方法的核心。

通过在关键电子商务指标上的内部"报告"，供应商在自己的组织内部推进了对电子商务重要性的认知。基于此，他们又进一步推进了对这些指标本身所测事项的重要性的认知，包括内容质量、布局、库存、定价和最终销量。通过对比表现好的领域与需要改进的领域，"点网成金"供应商实现了进步，并且也为进一步投资提供了机会。"点网成金"供应商通过持续测量、提升意识和优化业务，创造了一种持续改进的文化。

> **洞见** BRICKS TO CLICKS
> 在电子商务领域，持续改进的周期时间很短，通常是按天或周衡量，而不是按月或年。

过去不也有很多供应商开发了持续改进的计划吗？是的。电子商务领域的不同之处在于持续改进的周期时间极短。"点网成金"供应商将过去季度或年度的持续改进周期变成了现在以天或周为基础的周期。

周期越短，对异常情况做出反应的能力就越强。当可以从多个来源甚至有多个卖家提供库存时，就没必要让产品长时间处于缺货状态了。价格可以近乎实时地得到调整，受损或不正确的图像可以在几分钟乃至几秒钟内得到更新。

这种高级响应能力的关键是要能快速响应这些类型的异常情况。使用内容分析等类似平台的"点网成金"供应商，能够收到有关异常情况的通知并且能够有效处理。

采用最小可行产品的方法

在多年前的金融危机期间，精益创业（lean startup）运动在硅谷兴起。我们发现最机智的"点网成金"玩家已经在进军电子商务时采用了这一模式。精益创业运动的一大核心原则是最小可行产品（minimum viable product，简称 MVP）。MVP 是指能让团队使用最少的努力收集到最多客户验证学习 ① 相关情况的新产品的一种版本。[10] 这并不是你实际产品的一个更便宜的版本，而是一个可交付的版本，能让你收集到对客户最多的了解。[11]

怎么将这个概念变成电子商务领域的领先机会呢？许多客

---

① 客户验证学习（validated learning about customers），是指创业公司逐步推出逐渐健全的产品并在这个过程中收集客户对产品各个部分的准确反馈的过程。——译者注

户都已经接受了在采取行动之前的漫长开发周期、大量 IT 投资和经年累月的前期实现时间。多年以来，他们都不得不为这一整套系统付费，尽管他们真正想做的只是一些简单的实验。

当涉及电子商务时，MVP 方法意味着能够使用最少的努力收集到最多最利于电子商务表现的信息。因为电子商务发展速度非常快，所以客户不能承受在策略决策上耗费数月或数年时间的后果，他们需要快速行动。

这里有一些例子：

◎ 我们的一家供应商专注于优化一个包含 300 款关键产品的列表。尽管我们已经将包含了数千款产品的完整产品集合载入了我们的系统，但通过重点关注前 300 款产品，他们很快就在缺货率和内容质量上实现了提升。

◎ 我们合作的另一家全球供应商一开始只优化了杂货类产品中的 15 款。可能看起来不多，但作为一家年收入近 300 亿美元的公司，通常只有在改变能带来至少 10 亿美元的增长时他们才会考虑做出改变。MVP 让这家公司能凭借最小的风险完成最大的学习。

◎ 能使用我们的平台改进存货率吗？和其他客户一样，我们合作的一家供应商曾考虑了一种全面而复杂的方法，但最终还是觉得如果能在一个领域内实现提升，就能学到在其他领域如何提升。随着时间的推移，我们与他们的合作一直在以相似的方式继续，进行额外的小规模电子商务实验以精简工作流程，能将更多的精力投入到向客户（零售商）销售上。

供应商使用 MVP 模式在电子商务领域进行学习的例子还有很多，这只是其中几例。MVP 方法不仅能向他们提供一个快速学习流程，而且能让他们同时运行多个"实验"。

就像我们的"点网成金"客户采用 MVP 方法来学习和实验一样，他们也会根据学习到的内容在电子商务的执行上采取全面投入（all-in）的方法。然后他们会继续使用实验来调节全方位的工作，使用这种学习方法来了解哪些地方应该加倍投入，哪些地方应该削减投入。

拥抱新型购买途径

不管是仅有几十款产品在网上销售的小型供应商，还是有数万乃至数十万款产品的大型供应商，拥抱新型购买途径都是关键。对于实体店，销售中最艰难的部分是说服零售商上架你的产品，然后想办法供应足够多的库存以便购物者在货架上看到这些产品，因为实体店很多，所以要上很多货架。

现在，几乎任何人都可以成为卖家。你可以与零售商按传统协议合作，让该零售商存储和运输你的产品。你也可以在亚马逊、沃尔玛、eBay、Overstock 等网站上通过市场平台销售，你还可以成为一家直发供应商（drop ship vendor，简称 DSV）。

类似于市场平台，DSV 也改变了卖家的格局，让更小和更新的卖家也能更轻松地在亚马逊和沃尔玛等大型网站上成为虚拟的第一方卖家。在通常情况下，比起让商品通过真正的第一方卖家设置流程，DSV 能更轻松快捷地让商品通过商品设置流程。凭借市场平台和直发供货的方法，消费者通常可以直接从卖家那里收货。但在市场平台的销售上，卖家控制了价格（而不是零售商），而且事实上来自市场平台卖家的销售都会通过"卖家"文本明显标示出来，指出了该市场平台卖家是哪一家。

对于 DSV 销售，零售商定价并且销售产品，零售商收到该商品的全部收入后，再按该产品的批发价汇款给卖家。而在市场平台的销售中，零售商则为交易收取一定费用。[12]

不管方法如何，比起实体店模式，电子商务领域的商品上线和销售已经简单快捷了许多。

对电子商务而言，尽管列出和销售商品变得更容易了，但购买途径却变得更复杂了。对于实体店，零售商需要提供产品、存储产品、运输产品以及推动需求增长（很大一部分是通过广告）。

对于电子商务，购买过程不是从消费者走进商店才开始，也不会在消费者购买产品后就结束。电子商务的"购买路径"要广泛得多，电子商务是与消费者的持续对话，这个对话会受到价格、数字化的产品呈现、社会影响和快递的影响。

消费者会在网上做研究，即使他们是在实体店购物。他们会阅读评论，查阅社交媒体，与朋友交谈，从而构建起对他们想要购买的商品和品牌的认知。他们会一直在网上和店内进行研究，直到购买。而且他们会保持高度联系，超过 90% 的消费者会在店内使用智能手机搜索。[13]

网上退货与实体店退货也大相径庭。在网上，所有被订购的产品中有高达 30% 及以上的产品被退货；相比而言，实体店售出的产品只有 8.89% 被退货。在节假日期间，网上退货率甚至还会更高，可以高达 50%。现在大约有 50% 的零售商提供了免费退货服务，79% 的消费者表示希望免费退货，退货正变得更加容易。[14]

不同于全世界都不容易做的实体店退货，电子商务退货很轻松。在原来发货的盒子里通常都包含一张预付费的退货标签，而且消费者也不反对在收到自己的商品后再检查价格，如果他们在别处发现了一个更好的价格就会退货。折扣促销也是一个因素。如果一款产品今天比昨天便宜，那么购物者就可以轻松地以更低的价格购得同一款产品。[15]

购物者给出的商品退货理由有很多，其中之一是他们收到的产品看起来和他们在网上订购的不一样，或者收到了错误的产品。此外，如果产品来迟了、不合身（就服饰而言）或在某些方面未达期望，购物者就倾向于给出低分或写下差评，然后这个差评就会与该产品关联在一起，不管这究竟是不是卖家的错。

更多卖家竞争同一个购买路径、供应的产品更多、换货成本更低和信息更充分的购物者，所有这些因素汇集起来就意味着网上的购买路径比实体店的更复杂。对于电子商务，这不再是一劳永逸的购买路径。这是一种复杂的定制化的购买路径，需要与购物者进行持续不断的接触。

　　"点网成金"供应商会为提供最佳的购买路径投入巨资，这可能会与他们最大的零售商合作伙伴一起完成。但他们也会寻找方法来监测和优化自己在数百乃至数千家独立专营零售商的长尾上的品牌和产品呈现，毕竟这是零售市场增长速度最快的领域之一。[16] 这样的规模只需使用内容分析这样的技术平台就能实现，这些平台可以跨多家零售商提供报告、管理内容和提供品牌完整性，而单靠供应商自己是无法一对一地支持这么多零售商的。"点网成金"供应商是在真正拥抱（且引领）这种新颖而又高度复杂的购买路径。

从优秀到卓越

第一家购物中心于 1956 年在明尼苏达州伊代纳开张，这里是明尼阿波利斯圣保罗都会区的郊区。自那以后，我们已经见证了 20 世纪 90 年代中期电子商务的兴起，以及现在似乎一夜之间就完成的从实体店到线上的购买行为转变。互联网在其中发挥了巨大的作用，移动设备和低成本运输的广泛应用也功不可没。

下一代购物者天生就是数字的，而且是始终在线的，这将创造前所未有的更微妙和更复杂的购买路径。尽管这一图景正在快速演变，但在很多情况下正是由于图景的快速演变，对快速实验持开放态度的机敏的供应商就能快速实现"点网成金"的转变。在这一过程中，他们可以维持、重获甚至建立长期的市场领先地位。

05

激活你的品牌内容

BRICKS TO CLICKS

WHY SOME BRANDS WILL THRIVE IN E-COMMERCE
AND OTHERS WON'T

———————

内容为王。

—— 比尔·盖茨，微软创始人

经过数月的讨论之后，在一家全球最大的快速消费品公司的纽约办公室，我与该公司的电子商务高级副总裁坐在了一起。这场会议的目标是搞清楚我们平台的主目录系统能否满足他们对产品信息管理系统的需求。他们的图像、视频、产品描述和其他品牌内容文件分散在本地硬盘、Google Drive、文件服务器和传统的内容管理系统中。

我感觉我就像在参加求职面试，现在正是决定成败与否的阶段。其实这正是一次工作面试，这位高级副总裁正在亲自考验我，看看我将如何处理他的疑问。他也在面试我们公司作为供应商的潜力，看看我们对他和他的公司而言是哪种类型的合作伙伴。

这可不是一位简单的高级副总裁。他是被该公司的另一位高管亲自从亚马逊挖过来的。我的计划是，告诉他我知道的东西，并且坦诚告知任何我不知道的东西。对于这样一个重要的电子商务会议，这是我顺利过关的唯一机会。我的紧张不止一点点。

高级高管知道与潜在供应商开会的两种方式。第一种方式是打权势牌。在一间有大长桌的大会议室里，让助手带我们进去，先让我们等着。当他们确实到达时，会告诉我们他们时间很紧，让我们措手不及。他们也可以选择在整个会议期间一言不发，对我们来说，这比提问棘手难题还要艰难。

第二种方式是让我们放松。他们走进来，和我们握手，再花上几分钟和我们闲聊，即使他们其实非常忙，很难花时间在闲聊上。如果注意到我们还需要一点额外的时间才能设置好设备，他们可能还会出去一两分钟，假装他们自己忘记了什么，但我们知道他们只是比较好心。当高管选择这种方法时，我们就必须拿出我们的最佳状态了。如果他们觉得没必要通过一些权势招数让我们感到不适和紧张，那可以肯定他们知道他们想要什么。

我们还可以预见第二种方式中还会出现两件事。他们将会问一些非常直接和棘手的问题，可能还会进行一场讨论，而不会进行销售会议。我发现第二种方式是大多数"点网成金"公司高管用来获取我们作为供应商的最大价值的方法。他们知道，如果让我们放松并且与他们讨论他们的需求和我们的能力，我们就会想要为他们工作，而且是努力工作。

作为产品开发者，他们知道我们最想要的就是听取好想法，然后将这些想法构建到能满足他们需求的软件产品中。他们甚至可能会提出一些看似不可能的难题，不只是因为他们希望这些难题得到解决，而是因为他们知道我们终将会解决它们。他们的目标不只是因为他们向我们付了钱，所以要让我们感兴趣，他们的目标是通过向我们展示会难倒我们的有趣问题来吸引我们。他们可以在合同中加入很多苛刻的条款，或者他们可以简单地鼓动我们去解决他们想出的最艰难的问题，他们知道一旦我们着迷了，我们就会疯狂地工作以便提供解决方案。

"点网成金"的公司高管会选择第二种开会方式。这是一种软实力，而且当然是有效的。作为技术人员，我们在解决高难度以及大规模的问题上就是蠢蛋。而这就是这类会议的目的：有很多难题的巨大机遇。

那天的最后一个问题是：你们是马上就替换我们现有的系

统，还是会尝试先用用它？我没有多想这个问题，直接回答说："我会使用你们现有的系统，直到我们在系统中将你需要的一切都准备妥当了，让你能舒舒服服地将你现有的系统关闭。"

新系统不是万能的

当这位高级副总裁在思考我的答案时，出现了一段长时间的安静。我不确定我给出的答案是不是他希望听到的答案，但我知道那是正确的做法。他问我给出这个答案的原因。与他谈过的其他供应商都会要求他在第一天就完全替换他们现有的系统并承诺提供持续 6~9 个月的大规模前期部署推进投资。当然，这种方法对供应商来说更好，因为这样一来客户就被锁定到了该供应商的平台上，不管其运营是否会超出预算和时间。

在我看来，这种"清除并替换"的方法是完全无效的做法，而且很老套，是几十年前的企业软件的行事方式。这根本不符合我们自己、我们的客户或电子商务的愿景。如果我们要告诉客户电子商务重在速度和规模，那我们就不能只是说说而已，我们必须真抓实干。我向这位高级副总裁这样解释了"使用你们现有的系统直到你们做好切换准备"的方法：

◎ 传统系统通常有很多隐藏的、未记录下来的功能，是已

经开发了很多年的精细微妙的工作流程和功能。用户在
它们停止工作前可能甚至都不知道这些功能的存在，比
如以背景任务形式执行的数据导出工作。突然将它们关
闭可能会导致很多不值得承受的痛苦。

◎ 通过使用已有的系统，我们让用户具有了完全的控制权。
用户总是可以撤回到现有的系统上，直到团队完成切换。

◎ 这是一种风险更小的方法。因为我们的系统会与现有的
系统并肩运行，用户可以一开始先采用我们平台的一部
分，比如内容存储和聚合，之后再采用其他部分，比如
分析。

◎ 我们会在数天内上线运行并提供价值，而不会耗费数月
或数年时间。

◎ 清除传统系统会带来政治难题，这是个不值得为之战斗
的难题，毕竟公司里还有其他很多地方需要投入精力。
通过保留现有的系统，我们的高级副总裁可以减轻这种
情况下的压力。

当然，保留一段时间的现有系统也带有一些风险，该公司
的用户有可能不愿意切换成新系统。不过客户表示我们平台的
灵活性和易用性都远优于他们之前使用的版本，所以我相信用

户会想尽快切换的。

我们还必须与客户之前的系统保持同步，直到切换完成。这意味着我们有更多工作要做，但客户面临的风险更低了。

事实证明，我给这位高级副总裁的答案是正确的（而且在与很多其他客户的合作中也发现了这点）。我至今还保留着他几周后发给我的语音消息，他告诉我他们愿意和我们合作。

在上述讨论的这种替换场景中，我们的方法是与客户已有的系统合作，在数天或数周内准备就绪，而不会耗费数月或数年的时间。电子商务的重点是执行速度。"点网成金"公司不只是为了更快地卖出更多产品，他们也在投资能以电子商务所需的速度和灵活性运作的系统和供应商。

内容管理与更新

当你的产品主要在实体店内销售时，管理这些商品内容的方法（至少当与你的店内现状有关时）已经得到了很好的理解。拍一张商品的照片，为该商品创建一个名称并将其放入库存管理系统中，然后填充一个商品设置表单，然后就完工了。不管商品设置的时候提供的产品名称和图像是什么，都已经足够好了。这是因为商品的主要营销过程都发生在店内，顾客通过产品及其包装产生购买。店内营销对全面的图像集和产品描述所谓的"浪漫"副本的需求不大，因为购物者可以直接与商品本身进行交互。因此，包装、广告、店内展示、产品标签和折扣券是最有效的店内产品的营销和销售方式。

仅在网上销售少量产品的供应商有相似的心态。他们在商品设置阶段可以提供任何东西，或者就算他们确实需要进行内容更新，也可以通过零售商的门户或通过采购人员完成。但这存在两个重要问题。

第一，谁为这件商品创造内容？第二，他们如何跟踪已经创造出的内容、提交的时间、提交的位置（如果他们是在多家零售商网站上进行销售），以及它是否已经在零售商的网站上上线？如果你说的是少数几款各自都只有一张图片和一个产品名称的商品，那内容管理不是什么大事。但一旦你每件产品有多张图像以及在不止一家零售商网站上有经过延伸的产品说明时，解决问题的难度将呈指数级上升。

这就是一个优秀的 PIM 系统的用武之地。而且不同于老式的 PIM 系统（来自 SAP 和 IBM 等根基牢靠的企业服务大公司），当今的 PIM 系统面向的是每一家供应商，不管是大是小，只要定价合适就行。即使仅有少数几款商品的供应商也能获得很好的服务。让这些商品存储在现代的 PIM 系统中，该系统可以组织内容并生成必要的更新表单，或直接连接到零售商系统以更新内容。不仅如此，为电子商务需求设计的现代 PIM 系统，可以直接以零售商所需的格式输出内容更新表单，并且在某些情况下还能直接连接到零售商系统以执行即时更新。

不用 PIM 管理内容的一大难题是文本内容（产品描述和产品名称）、图像及视频内容需要分开存储，图像和视频不能嵌入到包含内容的电子表格中。此外，电子表格不是为轻松编辑长文本而设计的，其中还包含项目列表和加粗的短语。它们是为数字和公式而设计的。当今的 PIM 让你可以轻松编辑、预览和更新内容，以及在有需要时修改内容。

"点网成金"供应商在采用现代 PIM 系统上看到的另一个价值是集成式工作流程的功能。工作流程可以像"保存草稿"这样简单，让一个副本编辑器来操作内容但并不提交它，直到其完全就绪。工作流程也可以更加复杂，比如在提交内容之前将内容请求传递给外部代理机构和多个内部部门（比如营销部门和法律部门）。内容分析平台这样的高级 PIM 系统可以在内容被提交之前对其进行分析，确定其是否为实现最大销量进行了优化。另外，还能维护一个修改情况的审核日志，以防出现谁在何时进行了内容修改的问题。

品牌注定失败的原因

在与许多不同供应商的合作中，我们发现现有的内容和内容管理方法可归为以下几个大类：

◎ 电子商务品牌资产有限或根本没有：这些供应商一直侧重于实体店销售，而实体店销售根本不需要多张高分辨率图像和高质量的、经过优化的描述。

◎ 没有聚合方法：品牌资产存储在本地硬盘、Dropbox 或 Google Drive 等各处。

◎ 传统系统或定制系统：品牌资产存储在传统的、典型的本地部署的解决方案中，这些解决方案不是针对电子商务的特定需求设计的。这些系统的维护成本很高，而且不支持当今电子商务网站所需的多种不同的零售商模板。

下面我们将依次了解每种方法。

电子商务品牌资产有限或根本没有

与库存管理系统中只有一个产品名称和一张质量差的低分

辨率产品图像的供应商合作，对我们来说已经屡见不鲜了。多年以来，这些内容加上初始商品设置所需的属性数据（比如尺寸、重量和保修信息）一直都只有必需的那点。只有库管经理、采购方和卖家会看到这些产品名称和质量糟糕的图像。购物者永远不会看到这些名称和图像，因为与他们交互的是商店内的实际产品本身，根本无须高质量图像、描述性产品名称和详细的产品描述。

现在同样这些产品被放到了网上销售。当购物者看到的是难以辨认的低分辨率图像，以及为库存管理系统而非消费者设定的产品名称时，他们就会很快点击离开，然后去看另一款产品。

更糟的是，有时购物者还是会继续购买这款产品，最后却发现收到的产品并不是他想要的，这只会给零售商造成高成本的退货。多张高分辨率图像和清晰的产品描述，能让购物者更轻松地了解他们购买的产品是不是他们真正想要的。

不仅如此，当今的供应商面对的是极其复杂的网络卖家，这些卖家会使用可能与最受欢迎的网络搜索匹配的描述性产品名称、会让他们的产品脱颖而出的高分辨率产品图像，以及不仅有助于购物者在搜索结果中发现他们的产品，而且能让购物者更容易理解他们产品的所有特性和功能的详细产品描述。

即使是那些在网上列出但只能在店内购买的产品，内容也一样重要。通常消费者对产品的第一印象是在网络搜索过程中建立的。如果一款产品在网上看起来很糟糕，就会降低购物者在店内购买这款产品的可能性。而且这还会破坏购物者对该品牌的整体印象，而不仅仅是对这款产品的印象。

此外，只能在商店中买到的商品越来越小。尤其是食品杂货，原来很多只在商店内提供，现在都可以在网上买到。亚马逊生鲜、皮波德公司和沃尔玛超市等服务正在让食品网购变得比以往任何时候都流行。消费者要求便利，零售商正竞相提供便利。

也就是说，高质量图像、产品名称和产品描述不再只是少数商家的特例。它们是一种业务需求。低分辨率图像和"SDLS STRWBRY JAM 4OZ"这样只适合库存管理系统的产品名称已经过时了。使用这种产品名称的问题在于如果有购物者搜索"strawberry jam"（草莓酱），你的产品并不会出现在搜索结果中。缩写的产品名称会将你的商品隐藏在数字货架之后。

你的商品可能还缺少出现在相关电子商务搜索结果中所需的关键属性数据。比如，如果你正在销售一款短袖衫，而一位用户正在搜索"蓝色棉制衬衫"，但你存储在零售商网站上的商品信息中没有包含颜色或面料材质属性，那你的产品可能就不会出现在搜索结果中。内容分析平台的主目录系统不仅能存储商品，还能检查产品的所有属性数据是否完整，然后将完整的数据集提交给零售商合作伙伴。

没有聚合方法

我们发现很多公司的品牌资产都是散乱放置的，其中有最大型的供应商，也有最小型的供应商。有时候，发生这种事的原因是在商品设置过程中没有提交多于一张图片和产品名称的需要。另一些时候，供应商一直只通过一家零售商销售，不需要向多家零售商提供内容。另外还有一些供应商在多个国家都有内容，其中一些商品以一种形式存储在一个地方，另一些则以另一种形式存储在另一个地方。但其中最主要的原因还是产品内容直到最近才变得像现在这样重要。随着电子商务的出现，内容的重要性到达了一个全新的高度。

没有聚合式的内容管理和发布方法，将会出现一些难题，比如难以做到下列事情：

◎ 在你需要品牌资产的时候找到它们；

◎ 知晓哪些品牌资产是最新的，哪些是过时的；

◎ 跟踪你在何时更新了哪个地方的哪些内容；

◎ 知晓一个电子表格的哪个版本包含最新的产品内容；

◎ 快速执行修改；

◎ 在人事变动时维持连续性；

◎ 正确命名图像和视频，以便提交；

◎ 确保内容符合供应商的要求，不会被拒。

每个在内容管理上与我们有合作的客户，都已受益于品牌资产的中心化存储和管理。内容更新更快更轻松，品牌推广更加一致，而且公司无须再面对图像文件命名和商品维护模板的微妙且痛苦之处，这能省下很多时间。通过使用我们的平台来管理产品内容，很多客户都实实在在地省下了数周的员工时间。

传统系统或定制系统

通常，传统系统只比无聚合的方法稍微好一点，然而有时候会更差。这是因为很多传统系统的设计都不是以电子商务为核心的。比如，在与一家大型快速消费品公司合作时，我们发现这家公司当时正在使用 IBM WebSphere，这是一个用于存储数据的相对通用的系统。

下面是该公司所面临的难题：

◎ 该系统已经多年未更新了。它已经远远落后于该公司的产品信息管理和电子商务需求。该公司不敢修改这个系统，因为担心它会崩溃，而且没人知道如何修复它。

◎ 该系统不支持轻松添加新输出模板和特定零售商的图像文件名。该公司只能使用两种多年前开发的静态模板。

◎ 该系统无法向亚马逊和沃尔玛等主要零售商直接上传内容。由此造成该公司的员工和代理合作伙伴必须人工生成内容维护表单和图像文件名称，然后再执行耗时且易出错的人工内容更新。

◎ 该系统不支持更新多款产品的大量图像、描述和标题。

◎ 该系统没有用于生成图像和视频 URL 的机制，就不能在有需要时使用这些 URL 来向零售商提交图像和视频。

◎ 该系统缺乏灵活性。该公司的内容工作流程多年来已经发生了变化，而这个系统却不能调整。比如说该系统无法让外部代理机构创建和更新内容，而且内部公司员工也不能许可该内容。

◎ 该系统不能轻松定制，任何改进都需要昂贵且耗时的定
制咨询工作。

◎ 该系统缺乏检测产品内容是否以及何时在零售商网站上
线的机制，也不能在内容没上线时通知供应商。

◎ 该系统不能轻松实现扩展，以支持很多不同的零售商
网站。

我们合作的另一家公司正组合使用一款十多年前开发的第
三方媒体存储系统、电子表格和电子邮件来存储和更新他们的
内容。这种方法面临的难题如下：

◎ 现有系统缺乏输出与特定零售商命名惯例一致的输出规
则集合和转换功能。

◎ 现有系统缺乏存储、管理和发布完整产品内容（包括产
品名称和描述）的电子商务功能。

◎ 该公司把图像存储在一个位置，内容又存储在另一个位
置，并且需要大量人力来转换这些图像、视频和内容，
并将它们传输给零售商合作伙伴。

在某些情况下，该供应商希望零售商能从一个基于网络的

发布位置检索内容；在另一些情况下，该供应商的员工又必须熟悉每个特定供应商的门户和要求，并且记住上传必需的内容。

该供应商现有的系统没有自动跨供应商进行品牌审计的能力。因此，就算已经花费了大量精力将最新的产品内容提交给了零售商合作伙伴，该供应商团队还是必须执行另一个人工过程以审核每家供应商，然后再重新传输缺失的内容并重复这一循环过程。

通过与这家供应商以及他们现有系统的紧密合作，我们自动化了前面详述的很多过程，供应商在这个过程中只有最小化的投入。通过内容分析平台，该供应商现在有了一套端到端的更新和审计品牌内容的系统，能向该供应商报告每家供应商上哪些图像和视频与其主图像和视频是一致的，以及哪些缺失或过时了。该供应商也有了一个用于存储产品内容的中心化位置。内容分析平台作为产品内容的记录系统，让该供应商再也不需要多个让人困惑的电子表格版本了。

我们合作的又一家大型快速消费品公司曾经开发了一个定制的内部系统来存储品牌内容。尽管用意良好，但它还是遇到了很多前述解决方案所具有的类似问题：

◎ 维护成本高。

◎ 开发周期慢。该公司曾经在开发这个系统上投入了大约
　3 年时间，但在这段时间里却仅实现了大约一半的预期
　功能。

◎ 设计成了仅支持一种输出格式（GS1 XML），缺乏支持多
　种不同格式的灵活性。

◎ 与零售商系统没有直接连接，所以内容更新只能通过与
　采购人员进行繁琐的电子邮件往来完成。在这个过程中，
　附件常常会丢失，或者本来应该很快完成的更新却拖了
　数月之久。

◎ 无法跟上市场变化的步伐。在该公司开发自己的系统的
　那段时间里，市场仍在继续发展，Jet.com 等新的零售
　商上线了，已经存在的零售商也在增添新功能。举个例子，
　沃尔玛增加的新功能包含具有本地富媒体支持的直接
　API 集成。这意味着无须使用 Webcollage 或 SellPoints
　等富媒体提供商，就可以将视频这样的富媒体添加到沃
　尔玛网上商城上。

以用户为中心的产品信息管理

还存在另一条路。想象存在一个基于云的、轻量级的、易

于实现的 PIM 系统，它可以从网络、现有的内部系统或传统的内容存储供应商那里抓取品牌内容，还可以以多种格式导出。它可以存储多种不同类型的品牌资产，包括产品描述、图片、视频、PDF 和全面的属性数据，还支持内置工作流程机制，这样你就能为商品设置编辑、审阅、批准和提交的路径。最后，如果你希望合作伙伴（比如专业独立零售商的长尾）可以轻松检索最新品牌内容，也可以轻松地向他们开放内容访问（如有需要）。

让我们首先假设你只需要在你的某个零售商合作伙伴网站上更新少数几件产品。这是我们很多"点网成金"客户的起点。要么是我们通过内容健康度审计在他们的商品中发现了一些改进机会，要么是他们出现了更新某些内容的内部需求。这里给出一些需要更新内容的可能原因：

◎ **产品命名**：营销团队在商品已经上线之后更新了产品命名惯例，你希望让这些修改也上线到网上。更改产品命名惯例的原因可能是为了保持多条产品线的一致性，降低顾客对某种新技术的困惑，以及被另一家公司要求按该公司的品牌标准统一产品名称。

◎ **包装更新**：商品的 UPC 码没变，但包装变了。如果零售商网站上的图像还是以前的，那购物者在订购该商品后会收到看起来不一样的商品。尽管这确实是正确的产品，但因为购物者收到的产品和他们订购的产品看起来不一样，所以他们还是很有可能会退货。

◎ **合规／法律问题：**商品有不正确的措辞需要纠正，比如用了"有机"这个词来描述实际上非有机的产品。

◎ **营销优化：**在零售商网站上的内容与其他所有地方都一样，而供应商又希望不同零售渠道使用不同的内容。表面上看，这似乎是在公然违背品牌一致性原则，但对于某些供应商来说，这是很合情合理的。谷歌这样的搜索引擎会惩罚有重复内容的网站并奖励有独特内容的网站。但这对供应商有什么好处？

假设一家供应商有几家主要的竞争对手，他们在市场上销售的产品相当近似，如电池、洗发水、尿布、电视机和手机配件等。如果该供应商给亚马逊、沃尔玛网上商城、塔吉特、Jet.com和其他网站都发送了同样的内容，那么这些网站中仅会有一个在给定商品的谷歌搜索结果中排名较高，其余搜索结果将被销售类似产品（但具有不同内容）的竞争对手占据。

但如果该供应商为一款商品的不同零售渠道提供了独特的

内容，那么搜索引擎就会为此奖励他们，会有很大的可能性让这些商品中的一些或全部在搜索结果中都获得较高排名。该供应商就能有效地将竞争对手排除在给定商品的第 1 页搜索结果之外。说到底，供应商也许不在意购物者究竟是在哪个网站上购买的，但供应商肯定在乎购物者购买他们的品牌而非竞争对手的品牌。这就是管理内容以及同一款商品的多个内容版本如此重要的原因。

◎ **内容测试**：最进步的"点网成金"供应商会在内容上进行 A/B 测试，即使零售商的网站或 API 并不直接支持这样的测试。比如，内容分析平台支持为一款特定商品载入多张主图像，而且它可以在一个给定时间段内自动轮流替换这些图像。该供应商就可以评估哪些内容能让该商品的表现更好。

◎ **内容改进**：很多"点网成金"零售商都在谈提升漏斗 [1] 的上半部分，指的是在商品最初设置时电子商务网站取得的内容的质量。如果他们能提前获得全套高质量图像和产品描述就好了。

---

[1] 购买行为漏斗（purchase funnel），也称"营销漏斗""顾客漏斗""销售漏斗"或"转化漏斗"，是一种以消费者为中心的营销模式，描述了顾客在购买一项产品或服务时理论上的经历。该经历一般可总结为：认知→兴趣→渴望→行动。漏斗的上半部分是指认知和兴趣部分。——译者注

这是个绝妙的想法。但当供应商提交商品进行商品设置时，实际发生的情况是这些供应商只有一个优先事项，让商品尽快进入商品设置流程。他们让商品进入商品设置工作流程越早，这些商品就能越早上线零售商的网站。但是，高质量内容往往不会在提交商品设置表单时提供。实际上，供应商在将商品发送出去进行设置的同时，也可能会将其发给某个代理机构或该零售商自己内部的工作室以进行内容创造。这意味着必须在这个过程的后面环节将高质量内容添加上去。

不管供应商需要更新内容的原因是什么，通常最容易的起点是该供应商已有的内容。有零售商告诉我们，他们要求供应商更新内容只是为了让这些供应商停下脚步，再花数月时间试图让内容跟上来，但几乎没人成功。

我们的方法是轻松导入现有内容，不管这些内容位于供应商现有的内部系统中、零售商网站的供应商产品页面上，还是供应商自己的企业网站上。一旦我们导入了内容，供应商就能轻松更改，然后我们就可以将这些改变快速提交给零售商。我们的起点基本上一直都是产品内容，因为内容是购物者看到的东西，而且对产品发现和转化率有最直接的影响。

如果你要等上 6～9 个月或更长时间才能让一个复杂的 PIM

系统准备就绪，你就会错过一些关键的购物周期，并且也很有可能会错过假期购物季。因此，一开始就使用能在几天内就上线运行的 PIM 解决方案才最合理。

从优秀到卓越

对于供应商而言，除了人，最有价值的资产就是品牌。苹果、耐克、百事可乐，都是标志性的消费品牌，已经得到了很多年的认知和信任。如果这些公司没有中心化地存储和管理内容以及确保在所有数字渠道上的品牌完整性，就有稀释自己品牌来之不易的价值的风险。

尽管实体店销售份额在未来几年里还将继续占据它们整体销售额中的更大份额，但"点网成金"供应商认识到网络才是它们最有能力讲述自己品牌故事的地方。这也是购物者进行产品搜索，以及与一个品牌的产品首次遇见的地方。"点网成金"供应商已经选择了在人员和系统上进行大量投资，这能让他们成为数字领域的领导者，而不是在已经太迟时才去追赶。

在下一章中，我们将了解品牌内容管理和更新的实际
日常方面。我们将详解如何通过将 PIM 和分析方法整合到
一个平台中来加速"点网成金"的转型。我们还将看到内容
分析平台的主目录这样的系统将如何通过专为电子商务时代
设计的易用接口解决现有方法的关键缺陷。

06

使用主目录系统，为电商带来更快的创新速度

BRICKS TO CLICKS

WHY SOME BRANDS WILL THRIVE IN E-COMMERCE
AND OTHERS WON'T

技术不算什么。重要的是对人要有信心，
相信他们很优秀、很聪明，然后只要你给
他们工具，他们就能使用这些工具做出很
棒的东西。

—— 史蒂夫·乔布斯，苹果公司创始人

时间快进 6 个月。我当时正与同一位高级副总裁和他的内
容管理总监一起坐在该公司新的纽约办公室里。他们现在是我
们的客户了，而且我们正携手合作为该公司全世界范围内的品
牌资产（包含实体店和网络）实现一个中心化的内容存储和发
布系统。那意味着要处理消化来自多个数据流的内容以及跨数
十家（甚至数百家）零售商进行运作。

与大型供应商合作的价值是无可比拟的。对于我们这样一
家创业公司来说，这在很多层面上都是有利的。首先，我们可
以了解一家主要客户在全球层面上的需求。其次，当我们与零
售商洽谈时，不只是我们去找他们谈话，客户往往也会开放对

话或将我们带到他们的会议桌前。

一方面，我们可以直接与零售商进行会议，并且说："你真的应该这么做。这能给你的业务带来很大帮助。"另一方面，我们的大型供应商客户也可能带我们去参加与零售商的会议，而且这家供应商可能有 20% 或 30% 的业务都是通过该零售商完成的，他们会联系该零售商然后说："这是我们选择的内容工作方面的合作伙伴。请与他们谈谈。"

这种关系也有利于我们的供应商客户。他们不必再雇用很多人来处理内容交付的细节和更新每家零售商的内容，我们能为他们做完这些。因为我们正与多家大型供应商合作，所以在与零售商合作方面我们能带来很多好处。当我们为一家供应商找到了一个新的流程或连接上某家零售商的系统时，我们所有的其他客户立马能享有同样的解决方案。

另外还有一个好处，我们还能让客户希望在数字资产管理解决方案中具有的功能立即得到实现。在纽约的那天，那位内容管理总监告诉我有一些功能，比如自动图像转换能让他的日常工作变得更轻松。实际上，这些功能不需要几个月的规划时间。我回到办公室，跟产品管理团队交谈后，这个功能就在几周内上线了。

尽管数字资产管理、产品信息管理系统，以及全球数据同步网络（GDSN）等各种零售商网络已经存在了很多年，但电子商务需要更快的创新速度以及一些能满足当今"点网成金"供应商特定需求的功能。我们的主目录系统提供的正是这些。

主目录系统

主目录系统托管着商品，用户可以在更基于图像和更基于列表的不同视图之间切换。如图 6-1 所示，上端右边的搜索框能使用 UPC 码、零售商特定的 ID、产品名称或其他身份识别信息快速找到特定的商品，也可以搜索多个 ID 以筛选出一个商品子集。

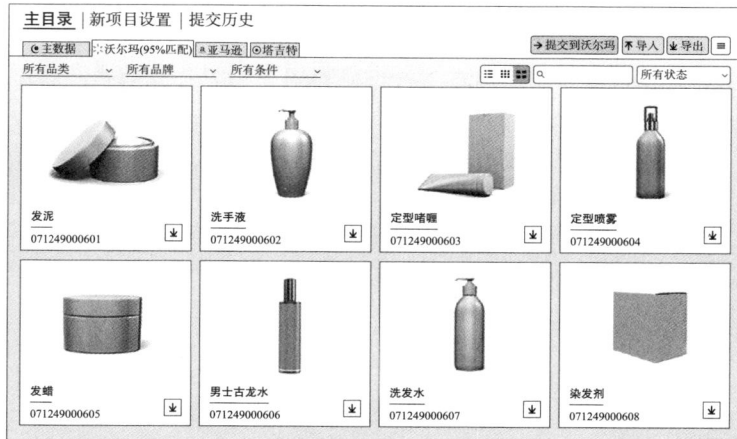

图 6-1　主目录系统界面

每款商品都关联了产品名称、ID、产品描述数据、图像、视频和可用的其他内容。

品牌完整性与内容独特性的矛盾

电子商务的内容管理有两种不同的策略，品牌完整性和内容独特性，有时候这两者是矛盾的。对于实体店供应商，品牌完整性是第一要务。他们希望每个地方都使用一样的图像、一样的品牌信息和一样的内容。他们希望购物者在亚马逊上看到的内容和他们在沃尔玛以及其他所有地方看到的内容都一样。

但这种方法存在一个问题。零售商不希望其他地方有相同的内容，因为在搜索引擎上显示时，内容独特性非常重要。不管谁的内容，只要最先发布并被搜索引擎索引，都会成为该内容的权威。如果谷歌在其他网站上发现了同样的内容，它不仅不会将其看作该内容的权威，而且还会因为内容重复而惩罚该网站。品牌在与零售商合作伙伴合作时面临着一个很显然的矛盾：是全部都使用一样的内容，还是为每家零售商使用定制内容。

好在根据我们的主目录系统的设计方式，这两种方法我们都支持。主数据（master data）标签让品牌可以存储所有的主内容。各个零售商标签让品牌可以从自己的主数据标签中为每个零售商使用同样的内容或针对特定零售商定制内容。

我们推荐"点网成金"供应商在他们品牌的各处都尽可能使用同样的图像，目的是方便购物者的视觉认知，但要为他们的关键商品提供独特的产品描述，至少在销量最高的零售商合作伙伴上要这样。

从几周到几分钟

2015 年秋，沃尔玛网上商城的一位商家邀请我去参加了一场供应商峰会。供应商峰会，顾名思义，就是一屋子供应商希望尽可能地了解在沃尔玛网上商城上如何更有效地销售的方法。峰会期间，我展示了我们的内容健康度报告，立马就引起了很多供应商的兴趣，他们都想得到自家商品的内容健康度报告。

会后，我们依次与每家供应商进行了会面。当收到他们自家商品的健康报告时，他们都很高兴，同时，他们几乎都问了同一个问题：我们怎么样更新我们的商品？

他们过去更新商品的方式有两种。一种是向采购人员发送一份带有内容更改情况的 Excel 电子表格，这种表格采购人员每月会收到数百乃至数千份。另一种是与 Kwikee 或 ARS 合作以更新他们的内容，这两家公司已经与沃尔玛合作了多年。

问题在于，这些公司都是代理机构（服务型公司），随着沃尔玛品类的扩展，他们更新内容的周转时间会越来越久。有供应商告诉我们往往需要多达 6 ~ 8 周才能让他们的内容得到更新。节假日这样的重要销售时间去了又来，这些供应商的内容却还不正确。

幸运的是，我们有一种解决方案。因为我们一直在内部报告内容健康度分数，所以我们已经开发了一种方法，能让沃尔玛的内部团队管理和更新沃尔玛系统中的内容。我们几乎在一夜之间就将这种功能扩展给了供应商。供应商内容不再需要数周或数月才能上线了，而只需要几分钟。他们因此很高兴。

在将他们的内容载入我们的系统中后，为了生成他们的内容健康度审计，我们会在零售商网站上爬取和分析他们的商品。他们不必内部跟踪所有内容，也无须让我们访问他们的内部数据流，而且我们也不需要耗费几个月时间与他们的内部系统进行整合。

供应商可以立即登录进来，进行编辑或添加更多图像，然后我们会将这些图像推送到网站上。通过我们执行编辑，我们会保存修改内容和修改时间的历史记录。我们甚至可以将他们的更新与销量的提升关联起来。

在我们不断扩展主目录系统的过程中，让内容轻松上线和更新这一设计原则一直都是我们方法的核心。我们从来不相信我们可以直接"清除并替换"我们的供应商已经投资了的现有解决方案，我们的方法总是会与这些解决方案共存，直到我们的客户完成准确切换。

小一点的供应商通常会问他们能否也受益于主目录系统，或者他们是否应该尝试通过一个供应商特定的门户来更新内容。是的，你应该将你的内容存储在一个中心化的存储库中，不管是我们的主目录系统，还是另一个系统。下面是应该使用主目录系统的一些原因：

◎ 轻松访问更新内容和更新时间的历史记录；

◎ 审核内容修改者的日志；

◎ 自动检查图像分辨率是否正确；

◎ 当零售商网站上的商品内容发生变化时发出提醒；

◎ 轻松确认没有得到优化的产品；

◎ 在跨多个零售商更新内容时的易用性；

◎ 自动图像转换；

◎ 桌面和移动视频格式之间的自动转换。

拥有一个用于存储和查找图像和视频的中心化位置，也意味着供应商可以做到下列事情：

◎ 轻松访问广告和营销活动的内容；

◎ 通过在每个地方使用同样的图像和视频来确保品牌完
　 整性。

当然，除此之外还有更多的功能，这些只是客户最常提到的。

让供应商参与进来

零售商常常问我们在更新内容时能否让供应商一起参与进来，他们担心供应商不会改善内容、增加更多图像或修改描述。

事实证明，只要你给了供应商对他们的品牌图像以及他们的商品在网站上的呈现方式的一点点直接控制，他们就会参与进来，而且他们很多都相当积极。我们的客户中已经有每周都要上传数千张图像的供应商了，这样他们就能针对不同图像进行测试。如果因为某一种原因某个内容更新不能上线，供应商就会给我们打电话或发邮件，直到我们确保这个更新上线。所以，对于那些充满疑虑的零售商，我建议你们授权给你们的供应商。很多供应商都会积极参与进来，帮助改善商品内容。

编辑现有的商品

内容分析平台的主目录系统的一大主要优势是易于上手。因为该系统托管在云端，无须安装任何软件。我们基本可以载入任何来源的内容，甚至还能编辑已经存在于零售商网站上的内容。

比如，如果你有很多商品在沃尔玛网上商城上销售，那么我们就可以爬取你在沃尔玛网上商城上的商品。根据分析这些商品，生成一个内容健康度分数，包括确定你应该采取的具体行动来改善每件商品。我们将包括产品名称、描述和图像在内的产品内容导入主目录系统。你可以直接点击这些商品进行编辑。一旦你编辑好了，我们就可以将更新后的内容提交给零售商，或输出特定零售商的内容模板（如图 6-2 所示）。

我们会定期检查零售商网站，以确定还没上线的内容或零售商选择使用不同于供应商所提供的描述或图像的实例。

图 6-2　内容爬取、编辑和报告过程

　　这种方法另一个吸引人的地方是我们可以爬取生产商自家的品牌网站以导入他们的内容。由此开始，只需要我们爬取内容并以必要的格式将其提交给他们的零售商合作伙伴即可。

持续不断的内容馈送

　　向主目录系统载入内容的另一个方法是通过内容馈送。内容馈送基本上可以是任何类型的数据源，比如 XML、XLSX 或 CSV 文件。主目录系统还支持应用程序编程接口，可以被用于从外部系统获取内容或将外部系统直接连接进主目录系统中，将内容推送到系统中或从中检索内容。

　　通过设计，这种方法可以轻松连接到传统的内容管理系统（content management systems，简称 CMSs），比如 SAP Hybris 和 IBM WebSphere。对于那些有自己设计的 CMSs 公司，我们可以轻松构建转换方式，根据这些系统已经输出的馈送类型导入内容。

我们合作的很多客户都希望关闭这些传统系统，但这样的转换并非一夜之间就能完成。在这种情况下，我们会先从他们现有的系统导入数据。举个例子，我们合作的一家大型快速消费品公司已经创建了自己内部的电子商务内容库。事实证明，他们已经在定期将内容导出到他们连接的多个其他系统了。为了将内容发送给我们，他们要做的只是复制一个现有的馈送流并将其发送给我们。

我们的底线是，不管你的内容在哪里，我们通常都可以在几天之内将其导入主目录系统，不管是一次性导入，还是持续每天或每周进行导入。

上传

最后，终端用户可以轻松地直接用主目录系统用户界面批量导入文本、图像和视频内容。只需简单选择要导入的模板类型，然后拖放文件并从本地文件系统中选择它，系统就可以快速为相关商品导入文本内容。

批量图像导入的工作方式基本一样。用户可以将包含图像的压缩文件拖放到相应的弹窗上，系统会自动将这些图像和正确的产品关联起来。供应商通常有已经按亚马逊、沃尔玛或 Jet.com 的命名格式命名的图像。系统会使用嵌入在这些图像文件名中的 UPC 码或 ASIN 码来将图像与对应的商品关联起来。此外，如果图像不满足特定零售商的最低图像要求，系统会自动提醒。这能防止浪费时间向零售商上传大小不正确的图像，然后等待审批的过程。

列表管理，找到你的用户

为了确定哪些商品是用户的，我们可以爬取网站然后看哪些商品属于用户的品牌，用户也可以向我们提供一份或多份特定的商品列表。列表形式可以多种多样，可以是 URL、UPC 码、亚马逊的 ASIN 码、塔吉特的 TCIN 码、沃尔玛的工具 ID 或另一家零售商网站的特定 ID。为了避免出现混淆，最好的选择是使用 URL 创建一个列表。

我们也可以根据内部馈送或内容导出来填充主目录系统商品列表。我们合作的一家主要电子产品零售商向我们提供了定期的内部商品"路线图"列表。我们的系统会解析他们的列表，然后填充内容健康度报告、仪表盘和主目录系统。这种方法的好处是能实现列表管理的自动化，供应商无须再人工更新列表。

管理主目录系统列表的另一种方法是让我们通过零售商商品列表导出来填充主目录系统。比如，在沃尔玛生态系统中，供应商可以从 Retail Link 导出一个商品列表。我们的系统对基于 Retail Link 的导入和列表创建有原生支持。

领先的"点网成金"供应商通常一开始会使用爬取＋编辑的方法，之后他们会转向基于馈送的方法，我们可以由此接收他们的产品列表和内容。最后，他们会直接在我们的系统中维护特定零售商的商品列表和内容。

修改商品

更新商品很轻松，可以一次只更新一个，也可以批量更新。

编辑内容

要编辑一款商品，用户可以直接点击这款商品，会出现一个弹窗（如图 6-3 所示），可以修改文本内容、更新内容或添加图像和视频。甚至可以放入一个视频的 URL，该系统就会自动检索视频并将其存储在目录中。

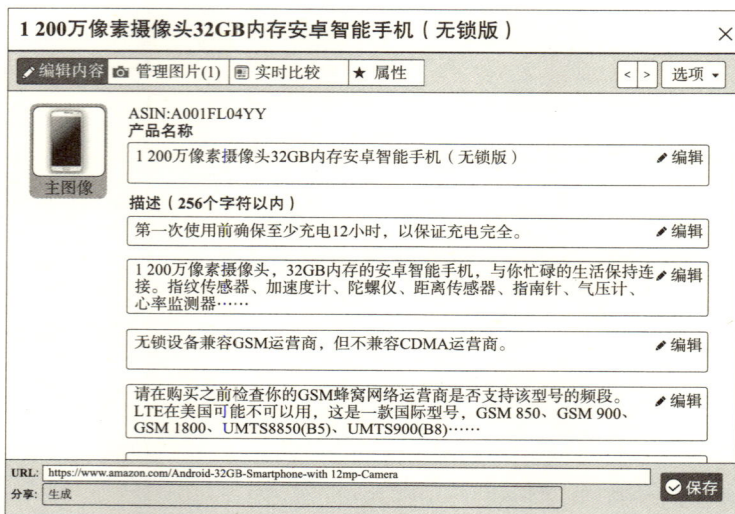

图 6-3　编辑内容弹窗

管理媒体

　　在这个弹窗中，在"管理媒体"（manage media）标签上，可以轻松看到与商品关联的现有图像和视频，可以从本地计算机、网站（通过粘贴 URL）上传媒体或使用"从库添加"功能上传。通常而言，供应商会需要给很多商品添加同样的图像（比如品牌标志或其他常见图像）。"库"存储了那些常用的图像，以便访问使用。系统会自动检查已上传的图像和视频，以确保它们满足向零售商交付的最低要求。

属性

"属性"（attributes）标签可用于编辑给定商品的详细属性数据。该系统支持多个零售商的属性定义以及零售商之间的映射，所以尽管并非每个域都是一样的，我们通常还是可以使用我们现有的映射支持将一家零售商的映射转换成另一家零售商对应的属性数据。属性信息包括是否存在保修服务、商品适合的性别（通常针对服饰）、商品适合的年龄（通常在玩具中用到）等。属性会根据你所选择的品类而改变。

如果我们根据在零售商上爬取的数据在目录中创建商品，我们通常可以根据爬取的数据确定类别以及某些属性，这样就不必从头开始设置了。另外，我们也可以从 Excel 电子表格或数据馈送导入属性，这样也不必人工地为每款商品配置属性了。此外，对于内容更新这项单独的任务而言（相对于新商品设置），通常只需要非常少的属性，只要品牌名称就够了，很多其他属性往往都是可有可无的。

线上比较

供应商往往还想知道主目录系统中的内容与零售商网站上

的实时情况比较。"线上比较"（compare with live）标签能并排展示零售商网站上的内容与主目录系统中同一商品的内容。内置的图像匹配功能可以识别商品在两个位置的图像是否相同，以及描述文本或标题是否存在差异。看到绿色对号图标，就说明内容是匹配的；看到红色错误图标，就说明内容不匹配。整体主目录系统支持这一信息的概览视图，我们后面会稍微讨论一下。

智能标签支持

内容编辑弹窗也支持智能标签（smart label）选项，这对于食品杂货类商品很有用。智能标签是食品行业协会（Grocery Association Industry）的一项倡议。这是一种线上的营养标签，能为消费者提供全面的营养信息。内容分析平台的智能标签解决方案与主目录系统有直接的集成，所以如果主目录系统中已经有信息了，它就可以拉取现有的属性和其他数据。供应商只需添加少量补充信息就能完成每款产品的标签信息。

智能标签是一种完全托管式的解决方案，只要数据在主目录系统中，网络上就会自动出现对消费者友好的页面。供应商无须担心复杂的实现过程、编写 HTML 页面代码，或将营养标签图像转换成数据，内容分析平台的智能标签解决方案可以自动处理所有这些情况。

选项

你可以使用左右箭头轻松跳转到上一款或下一款商品。通过点击"选项"（options）按钮，你可以使用许多不同的数据导出功能，让你可以为特定商品导出 CSV 或 XML 格式的文本，或各种不同格式的图像和视频。如果有多张图像，则会被下载到一个压缩文件中，而且如果有零售商命名惯例的话，这些图像也会据此被自动命名。

图像转换和尺寸调整

主目录系统支持内置的图像格式转换。也就是说，即使上传的是一张 JPEG 格式的图像，也可以以 PNG 或 TIF 格式将其下载下来；反之亦然。主目录系统还支持图像尺寸调整和裁剪，无须借助外部图像处理工具和复杂的转换工具。

更流畅的视频

主目录系统可以轻松地从网络或你的本地计算机获取视频、存储视频，然后将它们发布到零售商网站上。比如，如果要获取一段 YouTube 视频，只需要粘贴该 YouTube 视频的 URL，主目录系统就会取得它。然后你就可以轻松地将其发布到沃尔玛网上商城等零售商网站上。

主目录系统还可以自动根据桌面版视频生成移动版视频。大多数在商品页面上支持视频的网站都希望能同时提交两种视频格式。那是因为桌面版视频很大，是高分辨率的视频文件，然而通过移动网络播放时会需要一点时间来完成缓冲，专为移动设备优化过的视频可以更快地加载和流畅地播放。有了主目录系统，就不必再手动生成这些移动版视频，主目录系统可以自动完成这项工作。

构建你的内容健康度报告

内容健康度报告直接构建在主目录系统之中。这能让你轻松明白内容哪里需要提升。

每款商品都会收到一个内容健康度分数，可以轻松看到你需要做什么事情来改善商品的状况。当编辑和保存一款商品时，该商品的内容健康度状况和分数都会即刻重新计算。你还可以在主目录系统中按分数从高到低或从低到高的顺序对这些商品排序。

你可以根据影响商品的状况来轻松筛选主目录系统显示的内容，如图 6-3 所示，这在很多方面都大有助益。如果你有一个制作图像的图像团队和一个研究产品描述的排版编辑团队，他们就可以根据各自侧重的领域对商品进行筛选并且只处理相关商品。例如，如果你想大力提高图像数量，你可以仅筛选那些图像较少的商品。

3 大内容聚合方式

也许主目录系统最强大的功能之一是其集成的内容聚合功能。你可以直接在主目录系统上向沃尔玛、亚马逊、塔吉特和其他零售商发布内容。主目录系统支持 API 集成、门户集成和特定零售商的模板导出。

这 3 种类型的零售商聚合支持之间有什么区别呢？

◎ API 集成：直接连接零售商的计算机接口来向零售商提供内容。

◎ 门户集成：登录零售商的门户然后直接向该门户上传图像和内容。

◎ 自动内容模板发布：某些还没有 API 或网络门户的零售

商也想收到供应商的内容更新。对于这些零售商，我们可以自动以零售商所需的 XLSX 或 CSV 文件模板格式从主目录系统输出内容。然后我们会通过电子邮件将这些填充完整的模板发送给零售商相关联系人的电子邮箱（也可以手动自己发）。

API 集成是最优的，因为这是我们的系统和零售商系统之间的直接接口。比如说，我们是最早支持沃尔玛网上商城内容 API 的提供商之一。在很多情况下，通过该 API 提交的内容可以在几秒钟内在沃尔玛网上商城上实时发布。上面描述的其他方法也可以有效地完成这项任务，只不过在零售商端让内容上线的周转时间往往更慢。比如，亚马逊通常需要几天时间来处理提交的内容。

不管我们向零售商交付内容的方式如何，使用主目录系统发布你的内容有以下好处：

◎ 无须单独学习每个零售商系统；

◎ 可以自动输出文件格式、文件命名和内容模板正确的内容；

◎ 可以即刻向多家零售商轻松推送内容更新。

编辑历史

除了前面描述的优势，主目录系统还能为你提供内容修改和提交的完整审核日志。该系统会记录编辑发生的时间、修改的内容和操作者。该信息可在"编辑历史"（edit history）标签找到。

跟踪修改情况是很重要的，原因有二。第一，如果你正在编辑很多产品，会很容易就不记得你已经更新过哪些产品和提交给哪些零售商了。如果你要做一场促销活动，你需要确保内容更新及时完成。第二，如果出现了编辑错误的情况，就能撤销并了解谁在何时进行了该编辑，以及了解同一时间是否有其他产品也被错误编辑了。

移动目录，一个随时可以查看的商品视图

我们设计了移动目录（如图 6-4 所示），在你的主目录系统中提供了一个可随时查看的商品视图。这在各种场景中都很有用，比如当销售人员与采购商会面时，或当营销人员参加代理机构的浏览会时，可以方便使用图像和视频。

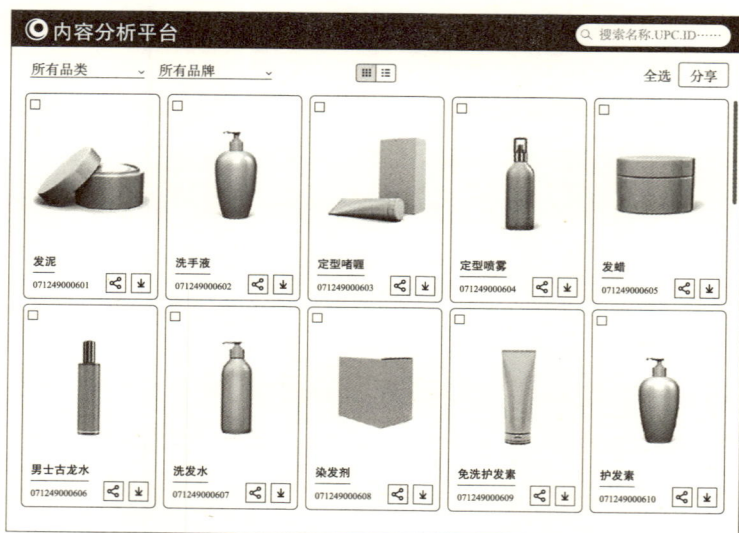

图 6-4　移动目录

　　移动目录还提供了供合作伙伴访问的只读主目录系统视图的基础。比如，如果你想将你的所有图像、视频和产品描述都提供给你的供应商和其他合作伙伴下载，你只需切换主目录系统中的一个开关，你的产品就在网上开放了。

　　这让长尾零售商可以轻松获取你提供给亚马逊、沃尔玛和塔吉特那样的高质量图像以及视频内容。所以，如果你没有时间和带宽向成百上千家销售你家产品的零售商提供内容，你也可以让他们轻松地从你的主目录系统中下载这些内容。

品牌审计

供应商通常希望了解他们在整个产品线和多个网站上的品牌完整性。他们会有这样的问题：不同的零售商使用了不同的主图像、过期图像或低分辨率图像吗？商品的其他媒体情况如何，有多张图像吗？它们是不是最新的？在支持视频媒体类型的网站上有视频吗？

这些问题全都可以通过大量的人力劳动来解答。品牌审计是自动化收集所有这些信息、执行必要的比较和生成结果的过程。

品牌审计和线上比较视图都支持复杂的图像匹配功能。比如，你可以配置图像一样但不考虑图像尺寸是否匹配的图像。通常我们会从供应商那里收到非常高分辨率的图像（比如 3 000 像素 ×3 000 像素），但零售商网站会以 2 000 像素 ×2 000 像素或更低的分辨率显示。如果我们认为只有图像尺寸一样时才是匹配的，那很多匹配的图像（分辨率除外）都会被看作不匹配。所以我们内置了一个功能，在零售商版本的图像大小的基础上调整图片尺寸使其匹配。当然，如果你只想要精准匹配，你也可以关闭这个功能。

有些客户已经在品牌审计上更进了一步，将关注重点放在了品牌媒体完整性上。一家领先的服装制造商向我们提出了难题，希望我们开发出一个品牌审计定制版本，可以检测图像的正面、背面和侧面，以及图表的尺寸和比例，并且还能确定零售商网站上的视频是否与该公司制作的视频匹配。该公司担心零售商在他们的网站上使用过时的图像和视频。实际上，他们的担心是有道理的。

我们确定了一些图像过时、缺少尺寸 / 比例的图表和不正确视频的情况。这家服装制造商过去一直在用人工方式执行这类艰苦的审计，消耗了不计其数原本可投入品牌发展或销售的时间。和需要数周时间来执行的人工方法不一样，我们的程序化方法是完全自动的。这意味着我们可以每个季度（如有需要可更频繁）都在整个产品品类上运行一次多家零售商网站的完全品牌审计。

谷歌制造商中心

截至 2016 年，有大约 55% 的网购者会在亚马逊上搜索产品，相比 2015 年增长了 25%，那时只有 44% 的购物者会在亚马逊上搜索。与此同时，在谷歌上搜索产品的购物者比例从 34% 下降到了 26%。[17] 因此，谷歌急切地想要提升自己的产品搜索体验，因为它要靠在网络产品搜索结果旁边显示广告来赚钱。

为了实现优良的产品搜索体验，谷歌创造了谷歌制造商中心（Google Manufacturer Center，简称GMC）。这是一个免费的工具，让制造商可以上传产品内容，这样他们的产品就能在谷歌搜索结果中以尽可能更吸引人的方式呈现出来。但是，和大多数网络工具一样，这个工具存在一个问题。为了将产品内容发送给谷歌，制造商需要以谷歌要求的格式输出他们的产品目录。

我们的主目录系统内置了 GMC 支持。GMC 需要产品内容以 TSV 或 XML 文件的形式提供，这些文件必须包含格式正确的产品 ID、你的产品图像的 URL 和你的产品内容。我们这里展示了一个示例 XML 文件的一部分，你可以看看它的样子：

```
<?xml version="1.0"encoding="UTF-8"?>

<rss version="2.0"xmlns:g="http://base.google.com/ns/1.0">

<channel>

  <title>Amce Inc</title>

  <link>http://www.amce.com</link>

  <description>A sample feed for Acme Inc product line</
```

description>

<item>

<g:id>actb7-16-B</g:id>

<g:brand>Acme</g:brand>

<g:title>Acme Tablet - WiFi - 16GB - Black</g:title>

<g:gtin>001234567895</g:gtin>

<g:gtin>1001234567894</g:gtin>

<g:mpn>ACMETAB16</g:mpn>

<g:disclosure_date>2013-01-15</g:disclosure_date>

<g:release_date>2013-03-04</g:release_date>

<g:suggested_retail_price>USD 129.00</g:suggested_retail_price>

<g:product_name>AcTab 7</g:product_name>

<g:product_line>AcTab</g:product_line>

<g:product_type>Device &gt; Tablet Computer</g:product_type>

<g:product_type>Computer &gt; Tablet Computer</g:product_

```
type>

    <g:item_group_id>AcTab-7-2013</g:item_group_id>

    <g:color>Black</g:color>

    <g:product_detail>

        <g:section_name>General</g:section_name>

        <g:attribute_name>Product Type</g:attribute_name>

        <g:attribute_value>Digital player</g:attribute_value>

        </g:product_detail>

            ...

        </item>

    </channel>

</rss>
```

当然，你不会想以人工的方式生成这种文件的。主目录系统可以自动生成这些类型的 XML 文件，然后直接连接谷歌的 API 发布你的产品内容。因此，你不仅可以确保你在亚马逊和沃尔玛等主要零售商网站上有优良的产品内容，还能确保在谷歌上也有。

内容的未来

随着网络购物的消费者变得越来越多，高质量产品内容正变得越来越重要。在很多情况下，在网上展示产品内容是与潜在消费者在做出购买决策之前与产品交互的唯一方式。那么，内容在未来几年的发展方向是什么样的？

多年以来，零售商都依赖于 Webcollage 和 Sellpoints 这样的内容聚合网络。这些第三方提供商向零售商提供了能让他们向购物者展示视频、PDF 和其他富内容的网页插件。但最近我们已经注意到这种方法正在向原生内容方法转变。零售商和供应商为这种转变给出了几点理由。

核心内容，即在商品页面"首屏"上显示的内容，近年来得到了更高的关注。如果一款产品的首屏缺少图像、图像分辨率低或产品描述很糟糕，那首屏以下提供的富内容也不会有什么用。这些传统的第三方提供商不会存储和更新核心内容。

通过插件形式提供的嵌入式内容对搜索引擎优化没什么帮助。因为这些来自第三方的内容是通过特殊的专有查看器提供的，所以这些内容不会被搜索引擎索引。

零售商希望提供差异化的体验。第三方提供商会为他们合

作的每家零售商聚合一样的内容。因此，与他们合作的零售商
会与自己的竞争对手得到一样的内容。

为了优化搜索引擎，当今的零售商希望有独特的内容，而
且他们希望将自己确立为所在领域的内容权威。当每家零售商
都使用一样的内容时，这将很难做到。因此，亚马逊使用的是
自己的 A+ 内容的富媒体内容。沃尔玛现在已经直接通过其内
容 API 实现了对视频和其他富媒体的原生支持。其他零售商也
很可能会跟随。

长期来看，零售商将会开发或购买能将不同来源的内容组
合起来的算法系统，以为每款商品都提供最好的内容。他们将
会投入 A/B 测试，以便了解哪种页面变体、产品描述和产品图
像能实现最高的转化率。

当然也有困难，"最好"是一个主观标准。供应商可能觉得
他们产品的某种视觉和文本呈现方式对他们的品牌而言最好，
但零售商的测试可能表明另一种呈现方式更好。不管怎样，灵
活敏捷的"点网成金"零售商和只做电子商务的零售商同行会
做实验，通过部署软件算法以求提供尽可能好的购物体验。尽
管电子商务在很多方面都不同于实体店零售，但这两者至少有
一个共同点——每一点利润都很重要。

内容管理已经快速发展成了我们的一条业务线。我们很幸运能够拥有一些世界上最大的品牌作为我们的客户，并且我们实现了客户需要的功能，而且不只是提供给他们，也提供给了与我们合作的很多中小型供应商。

主目录系统提供了跨多家零售商进行内容存储、管理、发布和审计的有效方法，并且是专为满足电子商务的需求而设计的。然而，随着供应商了解到可以如何轻松简单地将其用于电子商务，他们也在扩展将其用于存储他们所有的数字媒体内容资产，不管是在线上还是在线下使用的。这突出表明了我们的很多"点网成金"客户的一个共同点：他们通常会使用电子商务作为他们公司内部的创新驱动力。尽管他们中的很多实体店业务都仍远远大于他们的网络业务，但他们将电子商务看作一种高度颠覆性的方法，将颠覆他们过去几十年的业务方式。"点网成金"供应商正在重新利用这种颠覆来重新构想他们管理、审计和优化自己品牌体验的方式，而且不仅仅是在线体验，也包括线下体验。

尽管电子商务的内容管理方法有很多，但主目录系统是领先品牌已经标准化的平台。从获取品牌内容到存储这些内容，再到交付给多个不同的渠道，主目录系统让"点网成金"供应商轻松实现同业最佳的品牌体验。

07

下一个电子商务的风口

BRICKS TO CLICKS

WHY SOME BRANDS WILL THRIVE IN E-COMMERCE
AND OTHERS WON'T

零售业的挑战是面对的各色人等。那些成
功地取悦消费者或至少没让他们失望的时
刻，就是我们实现了自身价值的时刻。

—— 霍华德·舒尔茨，星巴克首席执行官

赋能，合作共赢电子商务

在电子商务的过去几年中，我们不仅帮助了世界上最大的
品牌发展了电子商务战略，也帮助了世界上最大的零售商。有
些零售商是我们每天都能在新闻中读到的，但这并不是我们喜
欢它们的原因。零售商们在一家店一家店地关门，并在这个过
程中耗费了数亿乃至数十亿美元的资产。这些零售商动作太慢，
不能识别和响应购物者行为的快速变化。

这些购物者的流动性很强，很看重便利性，而且深受网上
阅读到的内容的影响。他们不相信付费广告，而且如果他们认

为可以在其他地方找到更便宜的价格，他们就会快速地货比三家。不是说他们不忠诚，他们只是在为最好的产品寻找最好的价值。他们控制着购买过程，这是之前的消费者从未有过的权力。

千禧一代的消费者是真正"以我为中心"的一代。千禧一代是让人把产品交付给他们，而不是自己去取产品。要去什么地方时，千禧一代会叫一辆 Uber，而且 Uber 车很快就会变成自动驾驶汽车了。千禧一代希望购买产品后如果这些产品不合适、不能满足他们的需要或和广告宣传的不一样时他们能退货，而不会被问任何问题。千禧一代希望一切都可在移动端使用。事实上，现在大约 70% 的购物行为都是从移动设备开始的。

然而还是有一种对这种消费者有效的方法，那就是变成这些消费者最好和最信赖的信息源。信息不仅对当今的消费者很重要，对搜索引擎和搜索算法也很重要，这决定了当今很多产品的生死。考虑到这一背景，我们将转向你可以在保持平衡方面所做的事情，同时在满足千禧一代消费者的需求上能做得更好。

在实体店零售商和他们的"点网成金"同行之间，我们看到的最大不同之处是，"点网成金"零售商对供应商的赋能程度。通过实现供应商门户的现代化，可以让供应商轻松地设置新商品和更新商品内容，并赋予供应商对运输和销售过程的更多控制权，"点网成金"零售商已经与供应商真正合作起来，以实现更好的客户体验。

做高质量内容的供应商门户

当涉及产品内容管理和聚合时，我们原本是与大量供应商合作，以帮助他们更新在沃尔玛网上商城上的内容。帮助沃尔玛的供应商更新产品内容，是我们当时正在向他们提供的报告的自然延伸。当我们打电话告诉供应商他们有哪些地方可以改进时，他们都会请我们帮助更新内容，基本没有例外。

在与我们合作之前，某些供应商在更新他们的产品内容时会有 2~4 个月的延迟。使用我们的系统，供应商可以在几秒钟之内完成他们的内容更新。

与此同时，供应商也要求我们更新多个零售商网站上的内容。图像格式、内容要求和更新模板的差异使更新多个零售商的内容的过程非常缓慢和痛苦。

但是，随着我们支持的零售商越来越多，我们也注意到这些零售商缺乏现代的供应商门户。他们很多都依靠供应商发给采购人员的电子邮件里的 Excel 电子表格附件，有些需要将图像上传到传统的 FTP 服务器，另外一些可以从多个内容源接收 XML 馈送，但这些馈送中的内容必须通过人工方式从一个系统复制到另一个系统。这会导致更新时间极其缓慢，并且偶尔还会出现图像和内容丢失的问题。有一家零售商甚至要求供应商提供存有图像的实体 CD 光盘来更新图像。

实际上，很多零售商运行的系统在开发时都没有考虑在产品设置完成后再进行大量和频繁更新的情况。

> **洞见** BRICKS TO CLICKS
>
> 很多零售商运行的系统在开发时都没有考虑产品内容频繁更新的情况。因此，供应商要让零售商轻松地从他们那里定期接收高质量内容才行。

在只有实体店的世界里，商品只经历一次商品的设置过程，然后摆放在商店货架上，打上标签，直到卖出。对于这些传统系统而言，商品的虚拟存在以及供应商可以"随时"修改商品品牌宣传方式的想法是完全不兼容的。此外，这些系统不是为速度设计的。当这些系统被实现时，由于公司年度的规划周期在很多个季度甚至很多年前就开始为市场准备商品，因此以新产品不停来去的直发模式运营的竞争对手在当时还不存在。

"点网成金"零售商则在准备现代的供应商门户。他们认识到了帮助供应商快速运营以及合作在网上提供最新和吸引人的内容的重要性。

我们的主目录系统和内容健康度报告系统的零售商版本是为处理数亿款商品开发的，可以帮助希望加速"点网成金"转型的零售商。其中的解决方案是完全托管在云上的供应商门户，可用于基于网络的商品设置、持续不断的商品维护以及内容更新。你可以将其看作将亚马逊供应商中心（Amazon Vendor Central）放进了一个盒子里。这能让供应商轻松地向零售商提供更新后的图像和内容，同时无须修改零售商现有的系统。

从可操作的数据到组织化的行动

我们在帮助"点网成金"零售商的过程中所遇到的最大机会之一是寻找能使大量数据变得可操作的创新方法。数据中埋藏着数十个乃至数百个改进的机会，难就难在以一种可操作的方式解锁这些机会。

我们合作的一家大型零售商的一位总监之前是在一家大型技术公司工作，他必须进行组织动员才能提升该公司的线上业绩。这一难题和我们在让零售商关注并改善自己的线上内容健康度时所面临的情况并无不同。产品页面需要有多张高质量图像、高质量产品描述和对移动设备优化的标题。该组织必须在数千款商品的规模上做到这一点。

这位总监与我们分享了两个关键见解。第一，我们必须以一种吸引人的、可操作的方式呈现这些数据。第二，光是让这些数据可操作还不够，我们必须让组织能根据这些数据采取行动。

这位总监让我们做的第一件事情是，将网站上每款商品的所有内容健康度报告数据放在一起，汇总成整个网站的热图。

热图是按内容健康度细分方向（如图像、视频、产品描述等）和部门划分的。这样零售商的领导就能轻松看到哪些地方有改进的机会，哪些部门达到了他们的内容健康度目标，哪些没有达到。没有任何部门的负责人希望看到每周或每月的考核中自己的部门是热图中最红的区域。通过月度热图一起呈现所有部门，部门负责人就会竞相实现最好的内容健康度分数。而这家"点网成金"零售商还更进一步，让内容健康度分数成为商家目标的一个关键元素。

在该零售商办公室的一次会议上，当有商家问我们怎样提升他们自己的内容健康度分数时，我们就知道这种方法是有效的。因为这个分数是他们的一个目标，所以他们很关心。

说到电子商务的组织转型，这位总监的方法推动了整个组织的改变。以下这些关键步骤极其有效：

◎ 得到正确的报告；

◎ 持续不断地报告数据；

◎ 将员工的目标与指标的提升绑定在一起。

结果如何？我们看到过采用了这种方法的公司实现了两位数的销售增长。

全面的定价和库存见解

除了向零售商提供内容健康度报告，内容分析平台还会提供全面的定价和库存报告。零售商可以使用我们的解决方案在产品缺货时提醒采购人员，也可以使用我们的定价报告了解他们的顶级商品与竞争对手的相对价格以及是否需要做出调整。

即使部署了动态定价算法，零售商也常常需要人工调整自家最畅销的商品的价格。我们的报告和提醒功能让品类经理能在他们需要的时候得到他们所需的关键信息。

推出尽可能多的产品

品类是"点网成金"零售商又一个重点关注的领域。我们在这方面看到了两个明显趋势：**关注市场中特定的利基市场或推出尽可能多的产品**。希望增加自己的品类的零售商的主要做法是通过市场平台。市场平台允许第三方卖家利用零售商的消费者范围、品牌认知和平台能力直接向购物者出售商品。

在市场平台模式中，零售商会分一杯羹，通常在 6%～25% 之间。在实体店世界中，通常供应商就充当了零售商的品类经理。实体店零售商对商店品类的见解和电子商务的品类见解根本不一样，这通常是因为他们的供应商合作伙伴还没有专门向电子商务投入实体店销售那样广泛的品类管理资源。零售商通常不愿为电子商务中单独或额外的品类管理资源花钱。另一个原因是某些零售商团队相信电子商务品类管理的最好方法是用算法：向计算机输入足够的数据，就能得到结果。

其中的挑战是，增多品类需要 3 个关键要素：

◎ 确定要添加的品类；

◎ 让该品类上线；

◎ 确保新品类有高质量内容，以便这些产品出现在搜索结
　　果中，并在购物者访问这些商品页面时实现转化。

Jet、Wayfair 和 Zulily 等纯电子商务零售商已经在品类扩展
方面做出了很多独特的创新。表 7-1 重点给出了其中一些不同
的方法以及它们对应的优缺点。

表 7-1　　　　　　　　网络零售商业务模式比较

市场平台	Jet	Wayfair	Zulily
库存更新	● 直接拥有（IP）1/3 SKU 的库存以实现两日送达 ● 总 SKU 的 2/3 来自合作伙伴卖家或第三方零售商 ● Jet 需要卖家通过一个 API 或第三方渠道与 Jet 整合以更新 Jet 网上的库存 / 产品信息	● 自动更新：第三方渠道定期发送自动库存更新 ● 人工更新：通过卖家门户	● 在销售活动开始（一次销售活动持续 72 小时）之前，卖家通过人工方式向 Zulily 发送产品列表、库存和内容 ● 卖家不能在活动期间修改库存水平

续前表

市场平台	Jet	Wayfair	Zulily
支付	• Jet 收取购物者的付款	• Wayfair 收取购物者的付款 • Wayfair 在收到了每份订单的发票后再向卖家付款	• Zulily 收取购物者的付款 • Zulily 在销售活动结束两个月后向卖家付款，因为该网站允许退货和退款
订单履行	• 总 SKU 中的 1/3 是通过 Jet 自家的仓库 / 配送中心履行的 • 2/3 的 SKU 由合作伙伴卖家或第三方零售商发货 • 卖家通过第三方渠道每 15 分钟下载一次订单并确认订单，他们再通过第三方渠道上传订单跟踪信息	• 自动订单下载：每小时下载一次订单。 • 订单功能确认通知 Wayfair 已收到订单文件。订单确认通知 Wayfair 订单已发货 • 订单履行上传：向 Wayfair 发送跟踪信息 • 发票上传：向 Wayfair 提供每个已发货订单的发票	• 活动结束后，Zulily 向卖家发送批量订单 • 卖家需要将批量订单发送给有包装要求的 Zulily 配送中心 • Zulily 在自己的配送中心完成包装，然后向最终消费者发货

续前表

市场平台	Jet	Wayfair	Zulily
运输	• Jet 的配送中心履行的订单由 Jet 的承运商运输 • 第三方履行的订单由第三方的承运商运输	• Wayfair 发送每份订单的运输代码。 • 第三方渠道将运输代码转译成运输方法 • Wayfair 对特定商品有合同承运商；卖家也可使用他们自己的承运商 • Wayfair 自动接收订单跟踪信息	• Zulily 通过他们自己的承运商运输订单
存货	• 三个仓库，用于存放 1/3 的总 SKU	• 无存货	• 配送中心：在接收批量订单和发出单件订单之间临时存货
客户服务	• Jet 负责客户服务	• Wayfair 负责客户服务	• Zulily 负责客户服务
第三方渠道	• ChannelAdvisor • Commerce Hub • Zentail	• Channel Advisor • Commerce Hub • SellerCloud	• 不需要
优点	• 通过从自家配送中心履行/运输部分 SKU，能确保顾客体验	• 无存货，不履行，不运输 • 无库存风险	• 配送中心可以统一管理不同卖家的商品，无库存风险

续前表

市场平台	Jet	Wayfair	Zulily
缺点	● 同一个订单可能会收到来自 Jet、卖家和第三方零售商的多个包裹，这会让顾客感到困惑 ● 因为拥有仓库和订单履行中心并且要管理运输，所以可能有更高的运营成本 ● 库存和存货成本	● 即使消费者只下了一个订单，也可能会在不同时间收到来自不同供应商的不同包装的商品。运输成本相对较高；但是 Wayfair 的产品有更高的价值，能承受这些成本	● 要付两次运费：一是从卖家到配送中心的批量订单；二是从配送中心到消费者的单件订单 ● 相对长的等待收货时间，从下单到收货的平均时间为 14~15 天 ● 只适合限时抢购模式

展望电子商务的未来，我们应该还会看到不断演进的零售商业务模式。第一方销售、限时抢购、市场平台和直销都只是其中的一部分，未来必将出现更多创新。

更快上线，更快更新

为了提供稳健强大的网络产品品类，商品设置流程的简明化可能是被提及最少，但又很重要的一个方面。对于很多传统的实体店零售商而言，商品设置一直都是一大难题。我们看到过零售商用多达 800 个乃至更多个不同的表单来进行商品设置。这常常会让供应商混淆不清，从而出现各种各样的数据错误，进一步拖慢流程。"点网成金"零售商则会努力协调来改进商品设置流程。

通过让新产品更快上线，"点网成金"零售商可以更快开始销售。他们也会变成这些商品的内容权威，从而进一步获得更好的搜索引擎排名。

很多商品设置表单仍然是基于 Excel 的模板，用其构建用于数据验证的复杂的宏。我们内容分析平台则在帮助"点网成金"零售商将整个商品设置流程迁移至网上。我们仍然支持 Excel 表单，但我们也提供了一套完整的基于网络的接口，可用于编辑和验证商品设置信息。使用这种方法的零售商可以赋能他们的供应商，他们会向供应商提供用于事先执行大多数数据验证和进行更改所需的工具，由此实现了商品设置流程的简明化。

经验最丰富的"点网成金"零售商，还会部署 API，让工具供应商可以连接以进行商品设置。这能让内容分析平台这样的公司有机会设计和开发简明化的用户界面和数据验证机制，同时也能让零售商自己维护标准化的编程接口，以便接收到他们所需的数据。

对于不想或没有资源开发自己的商品设置 API 的零售商，我们的内容分析平台可以提供基于云的 API。我们还能为想要即插即用解决方案的零售商提供一套完整的基于云的商品设置和维护系统。

对零售商来说，在向自己的网络品类添加更多商品的同时，确保购物者能找到这些新商品也很重要。在通常情况下，因为缺乏优质内容，新商品页面基本上对搜索引擎和购物者而言是不可见的。如果商品页面没有优质内容，不管零售商添加了多少商品，这些页面在搜索引擎和零售商网站的搜索结果中都不会获得很高的排名，购物者就无法找到它们。

搜索引擎优化

"点网成金"零售商会重点关注 SEO，并且也会取得实实在在的结果，在搜索结果中的存在感要更强一点。下面我们首先说说原因。

他们投资 SEO 是为了确保购物者在搜寻商品时自己的商品

会出现在谷歌和其他搜索引擎中。他们都有专门的 SEO 团队负责管理 SEO 工作，而 SEO 工作需要采取多项措施。

◎ **跟踪零售商在流行的搜索引擎中的搜索排名**。零售商可以使用 BrightEdge 和内容分析平台等软件来跟踪需要知道自己排名的关键词和对应名次。

◎ **优化商品页面，以便零售商提升在搜索结果中被列出的数量**。要做到这一点，他们会确保产品页面包含高质量的特有内容、标题标签和图像的文本标签。

◎ 减少过期商品页面的数量，并且避免品类页面不包含内容或者包含糟糕内容，或与其他网站重复的内容。这类页面会降低网站在谷歌中的整体质量，甚至还会降低高质量页面出现在搜索结果顶部位置的概率。

◎ **确保搜索引擎能发现他们网站上的所有页面**。要做到这一点，他们可以确保他们的网站包含最新的网站地图（sitemap），以便搜索引擎轻松找到他们网站上的相关内容。

对特有内容的需求凸显了供应商和零售商之间微妙但重要的紧张关系。谷歌很看重特有内容，会惩罚使用重复内容的网站，会认为这些网站的权威性较低。如果你重复内容太多，谷歌可以从搜索结果中移除你的网站和所有页面的链接。当两个网站具有相同的内容时，通常先发布内容的网站会被认为是该内容的原始网站。这就意味着让商品内容快速出现在网络上是重中之重，尤其是当这些内容直接源自供应商，且可能会在多家网站上同时使用时。

然而，在特有内容方面，零售商和供应商有不同的目标。供应商通常希望每个地方都有一样的内容，因为他们需要维护品牌完整性。零售商则想要特有内容，这样他们才能在搜索引擎中排名更高。而且零售商决定了最终出现在他们网站上的内容，这种紧张关系应该不会很快得到解决。

我们还注意到"点网成金"零售商会自己动手开发特有内容。因为为网站上的每款产品都创建独特的优化内容并不划算，所以"点网成金"零售商会重点关注有望带来最多收入的商品。

从实体店到网络销售，改变的是位置。零售商在争夺搜索引擎地盘上同一块小小的空间。

某些零售商转向了自动内容生成，结果不尽相同。自动内容生成是使用模板、自然语言处理和产品规格数据来生成产品内容。另一些零售商则靠低成本的外包代理机构来产生内容，结果同样有好有坏。某些零售商则两种方式都会用。这两种方式产生的内容质量往往都参差不齐。

"点网成金"零售商普遍采用的策略是优化最重要的商品并把其他商品留给供应商和卖家处理。话虽如此，我们预计未来几年自然语言产品内容生成技术，以及混合自然语言与人类的产品内容生成技术还会继续发展进步。

"点网成金"零售商也会跟踪网站上所有不同类型的页面的内容健康度并据此优化内容。除了跟踪和优化商品页面之外，他们也会跟踪和优化品类页面，当购物者进行更宽泛的商品搜索时，比如搜索"电视"或"推车"时，他们的网站页面仍然会出现。

最佳的品类页面具有独特的内容副本和算法生成的产品列表。比如，如果一家零售商希望更大力地推广一款特定产品，那就会将该产品显示在对应的品类页面上。

"点网成金"零售商也会提前计划他们的 SEO 工作。搜索引擎会爬取和索引数十亿个网页，因此要让更新后的结果出现，需要一定的时间。此外，开发独特内容也需要时间。所以"点网成金"零售商会在假日购物期和其他重要事件的很早之前就开始优化他们的网站内容。

我们内容分析平台的目标是为零售商提供一个单一位置，让他们在这里就能找到他们所需的 SEO 和内容健康度信息，同时还能让他们从供应商那里接收更新后的内容。

在这个过程中，我们看到，只通过改善商品页面内容就能让页面访问量增长 14% 或更多，有时候甚至能高达 30%。尽管需要投入时间和精力才能看到 SEO 的投资结果，但在提升网站访问量上，这仍然是最具成本效益和最成功的方法之一。

A/B 测试和个性化

让购物者到达你的网站只是成功的一半。"点网成金"零售商还会采用创新方法来提升转化率。A/B 测试是最著名的方法之一，零售商可以在该测试中用两页式布局来评估业绩表现，看哪一个更优。一部分购物者在其中一页，另一部分在另一页。

我们预计某些零售商未来还会更进一步，从供应商、卖家收集多份产品图像和产品描述，然后对它们进行 A/B 测试，看哪种组合表现最好。

有趣的是，我们注意到零售商对个性化的兴趣很有限。自2000 年初以来，创业公司和大型企业都在投资电子商务个性化，但收效甚微。事实表明，比起基础但有效的"购买这个的消费者也会购买那个"的方法，大规模数据收集工作、先进的算法和其他方法的表现并不会好多少。事实证明，购物者在购物偏好上的差别并不如我们预想的大。与此同时，购物者也是高度社会化的生物，他们既会听取朋友的推荐和意见，也会认真对待陌生人的看法，这就是评分和评论的用武之地。

独特与新鲜的评论

在电子商务领域，产品的评分和评论一直都是极其重要的。有一个评论的产品会比没有评论的产品表现好，但真正的临界点是 21 个评论。研究表明，有 21 个或更多评论的产品所获得的流量是没有评论的产品的两倍。在 21 个之后，边际效益递减定律（the law of diminishing returns）就开始发挥作用了，评论数量的增加对产品表现的影响会越来越小。

如果管理得当，评论也可以成为一个很好的特有内容来源。"点网成金"零售商会监测评论数量，并会与他们的供应商直接合作推出获取评论的活动。也可以使用某些第三方评论服务，比如BuzzAgent。亚马逊的 Vine 项目是另一个选择，亚马逊会将产品提供给一组免费试用者，他们在收到这些产品之后会写评论。

在亚马逊之外，BazaarVoice 一直都占据着供应商评论市场的大部分份额，因为他们有数百家零售商的强大聚合网络，而且与沃尔玛有密切的关系，它是现在沃尔玛网上商城支持的唯一一家评论提供商。

对于零售商而言，支持自己原生的评论功能有什么好处呢？首先，他们能对用户体验有更好的控制，整体开销也更少，而且不像使用第三方提供商那样需要不断支付授权费。其次，他们可以确保展示在他们网站上的评论是原创评论，而不是供应商从多家网站上聚合而来的评论。当然，聚合也有好处，零售商就无须从头开始构建一个大的评论基础了，它可以利用现有的评论基础。不过缺点是，零售商无法确保评论内容的独特性。

独特和新鲜内容的重要性正在继续增大。因此，使用发表在其他网站上的同样且非特有的评论的负面影响也在越变越大。"点网成金"零售商会鼓动他们的购物者写新评论，而不会过多地依赖于聚合的评论。在这个过程中，他们会构建起特有的和专有的内容资产，这些资产在这个市场中将具有长期的差异化价值。

实时聊天，连接消费者

零售商让购物者参与进来的方法并不止于评论。零售商会在他们的商品页面上加入问答部分，购物者可以在这里询问（和回答）有关产品的问题。他们也在实验实时聊天等功能，类似于现在的消费者可在各种网站上获取支持的常用聊天窗口，在电子商务网站上的聊天窗口可以让消费者实时询问问题和得到回答。但不同于典型的支持风格的聊天窗口，电子商务聊天方法能让消费者直接联系品牌或供应商的代表。

零售创业公司 Welcome Commerce（之前名叫 ChatID）就是一家专注于通过一款在线聊天插件提升品牌和购物者之间实时互动的公司。这款 ChatID 插件让零售商可以将聊天功能嵌入他们网站的产品页面中，以便购物者直接与品牌代表交流。另外还有不需要实际安装插件的方法，只是在商品的产品描述中嵌入链接，点击它就可以打开一个聊天窗口，零售商方面无须做出任何修改。

实时聊天的最大难题是供应商必须专门投入人力资源在有聊天请求时进行答复。当消费者预计会得到实时帮助时，他们不喜欢看到"实时聊天目前不可用，请留言"的通知。

实时聊天方法将会取得怎样的成功，这还有待证明。但"点网成金"零售商正在实验这些功能以评估客户，以及让供应商有机会直接与购物者互动。

从单个消费者到会员模式

"点网成金"零售商正在实验会员和订阅模式，但在大多数情况下速度还不够快。目前最成功的会员服务是亚马逊 Prime。在亚马逊于 2005 年刚推出 Prime 的时候，这是该公司亏损最多的业务之一，而现在 Prime 的会员数量已经增长到了 7 000 万以上。免运费和确保两日送达是大多数购物者都无法抗拒的好处，而且现在的送货时间有时候还会更快。而且 Prime 会员会让消费者慎重考虑在其他地方购物的损失，毕竟已经付了 99 美元的会员年费了。

率先推出会员模式的是山姆会员商店和好市多（Costco）等其他零售商，但亚马逊的会员增长速度一直都是最快的，这在很大程度上是因为亚马逊愿意在刚推出 Prime 的时候烧钱支持。

在订阅方面，联合利华（Unilever）10 亿美元收购 Dollar Shave Club 的举措，就凸显了深入订阅业务和更直接地连接购物者的强劲需求，其实是品牌的需求。

其他一些非传统的零售商也在使用订阅模式，并且也取得了一些成功。创业公司 Ipsy 和 Birchbox 通过他们的化妆品订阅模式，各自都实现了数亿美元的年收入。只需很少的费用，购物者每个月都会收到他们肯定会喜欢的商品包裹。但是由于这些公司的顾客获取和留存成本会随业务规模的扩大而增长，所以这些公司可能会遇到难题。

"点网成金"零售商也在实验奖励模式。购物者可以随时间累积积分，然后用这些积分兑换未来的折扣或特别优惠。丝芙兰（Sephora）等零售商使用奖励计划来提升忠诚度和吸引回头客。

如果"点网成金"零售商和其他零售商在这方面有什么不同，那就是"点网成金"零售商愿意为寻找有效的方式投入大量实验。就像实体店零售商会实验不同的商店形式、布局和位置一样，"点网成金"零售商也会实验不同的销售和交付模式，以使他们与顾客的关系更"如胶似漆"。

促进移动应用下载的难处

亚马逊和沃尔玛以及其他零售商都推出了针对移动端的应用。亚马逊有一个想法，即要让购物者能轻松比较实体店内的商品和网店内的商品的价格。该公司独特的移动扫描技术不仅能扫描条形码，也能扫描产品标签。

这方面也有个大问题：消费者实际会和移动设备上的多少应用交互？尽管被开发出的移动应用的数量已多达数百万，但消费者每天都会使用的应用其实非常少，一般只有即时通信、Facebook、Uber、地图，也许还会有一两个银行应用。"点网成金"零售商从基本的移动应用开始，会面临如何让自己的应用吸引购物者每天使用的难题。

全渠道体验

如果要说某家公司已经掌握了实体店和线上整合的魔法，那就是苹果公司。这家总部位于库比蒂诺的公司已经创造出了能让顾客感到愉悦的店内购物环境，并且能让顾客与该公司最新款的产品交互，以及为已购买的产品或服务获取帮助。"天才吧"（Genius Bar）真是天才。带着已有硬件或软件的顾客走进店里寻求帮助，不仅很可能会在走出店门时解决了问题，还购买了新东西。苹果的店内销售代表，通过他们的移动销售点设备，可以轻松地让购物者购买新东西。

着眼于便利的重要性，苹果也让顾客在网上下单之后再到店内取货。沃尔玛也已经在通过其"当天取货"（pick-up today，简称 PUT）模式做一样的事，该服务能让消费者看到哪些地方有哪些商品。与此同时，谷歌也在努力竞争，通过 Google Shopping 与各种零售商合作，为这些零售商的产品推出了当日送达服务。现在甚至连亚马逊都在创建自家的实体商店了。如果该公司能让消费者一直待在自己的商店里，为什么还要让消费者去其他地方查看商品实物呢？

话虽如此，不管哪家公司，实现无缝的全渠道购物体验都绝非易事。这需要高度整合的供应链、高效的物流和简明化的客户体验，这样购物者走进商店取货时就不必等待了。至于说移动应用，"点网成金"零售商还将继续这方面的实验，因为他们需要搞清楚什么是有效的，以及什么是无效的。

食品，下一个电子商务前沿

食品网购是一个巨大的市场机会，但多年以来这似乎都遥不可及。消费者仍然希望亲自挑选水果和蔬菜，以及备好的餐食，尽管外卖服务正竭尽所能想要拿下这块市场。

但在过去的一年里，我们已经看到供应商客户对亚马逊生鲜、沃尔玛超市和皮波德公司上食品网购的分析和报告需求出现了很大增长。我们还看到供应商客户的关键人员正在将他们的关注重心从核心电子商务转向食品。

有三大市场因素正在共同推动食品网购领域的增长。第一，消费者正在更新换代。他们的时间和精力有限，而且对便捷性有越来越高的期望。第二，现有的实体店零售商希望将线上和线下的能力进行组合。第三，主要供应商希望确立在这一领域的优势地位。供应商过去一直都对食品网购采取"观望"态度，但现在随着人们越来越多地选择网购，他们希望确保自己不会被抛在后面。我们预计在未来几个月和几年中还将看到"点网成金"零售商在食品网购领域继续创新。

竞争见解

零售商的竞争见解永远不够用。我们看到竞争报告的请求数量正在不断增长。该报告包含定价和促销数据、品类信息以及竞品内容质量和对最佳实践方案的评估。

零售商尤其希望能解答以下问题：

◎ 竞争对手网站上有哪些我们没有的畅销产品？

◎ 哪些利基网站在可选产品或价格上胜过我们？

◎ 其他零售商正在进行哪些促销活动，同等商品的到手价
    是多少？

◎ 产品在其他网站上定价如何，我们有竞争优势吗？

◎ 其他零售商的品类会随时间如何改变？

◎ 其他零售商网站上的商品页面的内容质量如何？

◎ 其他零售商在使用哪种创意和视觉内容，以及传递了什
    么信息？

◎ 在谷歌和其他搜索引擎上，竞争对手在哪些搜索关键词
    上排名较高？

举个例子，Jet 会直接在自己的网站上列出亚马逊对同一款产品的定价，这样购物者就能确切了解他们在 Jet 上购物时相比在亚马逊上购物能省下多少钱。通过寻找离消费者更近的配送位置的商品，Jet 特有的定价算法能在消费者添加更多商品到购物车时为他们省下更多钱。

在一个竞争越来越激烈的市场中，"点网成金"零售商会提出这些关键问题，并使用先进技术来为他们提供有关竞争格局的见解。基于这些竞争信息，他们可以快速调整他们的在线营销、定价和促销策略，而且通常是实时的。

　　"点网成金"零售商会使用竞争数据作为定价算法的输入，亚马逊和沃尔玛等零售商的定价算法会在一天中根据市场中其他零售商对特定商品的定价来动态更新自己的价格。竞争数据也可用作品类扩展等战略计划的输入，零售商可以搞清楚他们缺少哪些商品，然后优先将这些商品加入他们的商品目录中。此外，"点网成金"零售商也在使用竞争数据进行内容和属性验证，比如对于电子产品，检查他们是否有同等或更多数量的规格，然后在有需要时采取措施来提升自己的内容质量和规格数量。

专营独立零售商

　　零售商保持竞争优势的另一种方法是通过专业化。因此，我们看到现在正涌现出越来越多的专营独立零售商。这些零售商会使用 Shopify 或其他平台来设置网上商店，而且通常会发展成一种针对购物者市场中一个更狭窄的细分领域的营销方法。他们会开发高质量的内容，生产定制的买家指南和使用 YouTube 等直达消费者的渠道来提升访问量和转化率。

　　换个角度看，零售市场似乎正在分化成几家大型的大众市场零售商和大量小型的专营零售商。其中前者的目标是继续尽可能多地扩展自己的品类，而后者则已经找到了向目标购物者进行营销的独特方法。甚至某些"点网成金"零售商也在部署定位范围狭窄的网站作为其核心业务的分支，这样他们就能针对更狭窄的细分市场进行营销了。

我们预计，这些专营独立零售商还会继续带来更有吸引力的内容，以及高度细分的营销方法。

无人机，最后一英里难题的解决者

如果不谈谈"最后一英里"交付，电子商务零售商的未来篇章就不是完整的。亚马逊首席执行官杰夫·贝佐斯在宣布亚马逊正在探索使用无人机快递亚马逊 Prime 的商品时，可真是出尽了风头。

那时候，这一想法还看似遥不可及，但今天看来已经比较接近现实了。2017 年 3 月，亚马逊完成了其首次在美国公开的无人机快递，"在加利福尼亚州棕榈泉亚马逊主办的会议上向参会者运送防晒霜"[18]。无人机技术还会越来越先进，这项技术的成本还将继续下降。最重要的是，消费者仍在要求更快的快递。估计过不了多久无人机就能在日常送快递了。

我们在本章中探索了"点网成金"零售商与他们的供应商在电子商务领域合作共赢的多种方式。其中包括以下方法：

◎ 推出基于云的商品设置和内容维护门户，让供应商能轻松设置新商品和更新内容。零售商可以获得最好的内容，同时维持对最终发表在他们网站上的内容的控制权。

◎ 开发独特的、有吸引力的内容来吸引他们的购物者。

◎ 使用内容分析平台来测量和改善内容质量、缺货率和定价，从而让他们的组织有能力实现更高的访问量和转化率。

08

电子商务飞轮，
小品牌也能得到大回报

BRICKS TO
CLICKS

WHY SOME BRANDS WILL THRIVE IN E-COMMERCE
AND OTHERS WON'T

> 除非你已经在构建页面内容上投入了很多
> 资金和时间，否则就不要在广告推销上花
> 一分钱。在你做好页面内容之前，我根本
> 不想碰你的广告资金。
>
> —— 亚马逊资深采购人员

那是在 2009 年，一个严峻的问题摆在了拉杰·劳（Raj Rao）和罗兰·格特（Loran Gutt）的面前，他们是负责 3M 公司的电子商务转型（e-transformation）团队的两位领导。这家已有 110 年历史的公司，历史上曾是旧式实体百货商店里的办公用品、家庭装修和厨房清洁等品类的引领者，但他们在产品数字化和备战电子商务领域上的工作却做得很少。现在他们面临着一个艰巨的任务：如何凭借一个小团队优先实现并最大化他们在电子商务上的回报。

事实证明，他们采取的第一步确实非常聪明。他们投入了巨资来理解亚马逊的模式和飞轮效应，即以发展库存和品类为

中心。他们知道 3M 不会成为创造数字货架的公司，他们的工作应该是最大化在这一领域的市场份额。尽管 3M 在电子商务领域姗姗来迟，但该公司有三大优势可以利用：驰名品牌、专注电子商务的高效团队，以及与零售商的良好关系。

格特与亚马逊采购人员进行的最早期的会议非常像他曾与实体店零售商进行的合作营销会议。就在那时候，这位亚马逊采购人员告诉他："我不希望你花钱吸引顾客访问他们不能达成目标的页面。"不然的话，3M 和亚马逊都会白白损失很多钱。网购的人是根据内容质量做决定的，就算亚马逊和 3M 投入数百万美元将购物者带到了一个看起来很糟糕的产品页面，这些购物者也根本不会购买 3M 的产品。

"启动"飞轮

格特向我解释说，亚马逊的飞轮始于选择。为了让购物者找到甚至购买你的产品，你首先需要在网站上提供你的产品。举个典型的例子，亚马逊通过从书籍到电子产品再到家居用品的扩张，亚马逊将品类扩展和全面的选择组合到了一起。

在亚马逊的飞轮中，首先就是选择。在此基础上，再提升消费者体验：**高质量的产品内容讲述合适的产品故事，再加上**

有速度保证的快递送货。

基于亚马逊的模式，格特和劳开发出了一种三步式策略，我一直称之为电子商务飞轮（e-commerce flywheel）。如图 8-1 所示，该策略包含以下部分：

◎ 产品呈现；

◎ 需求生成；

◎ 指标和分析。

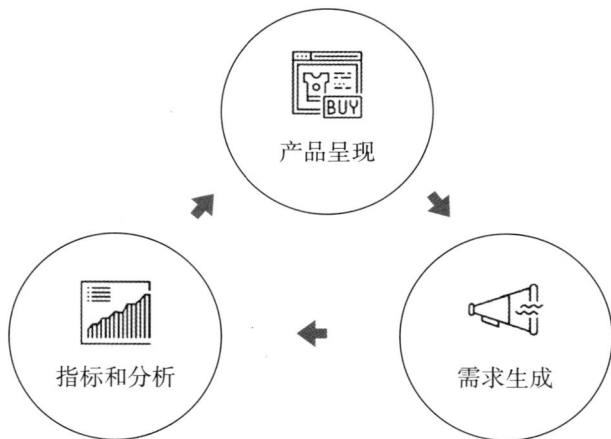

图 8-1　电子商务飞轮

尽管指标和分析是第三步，但我们常常发现"点网成金"供应商会一开始就实现一定程度的指标和分析，因为他们想要一个衡量自己表现的基准。

所以当我们第一次开始与"点网成金"供应商合作时，我们常常会使用内容健康度、是否已上线（Is It Live，检查该供应商的哪些商品已上线零售商网站）、搜索份额、货架份额和缺货报告来执行一次基准审计。这能让供应商清楚地了解他们的起点在哪里。

本章余下内容将详细介绍构成电子商务飞轮的每一步。

第一步：产品呈现——全面的产品设置

我们合作的"点网成金"供应商都有多个销售渠道。这不只是说线上和线下，他们的销售渠道包括亚马逊、沃尔玛和一些他们特定垂直领域的零售商，比如针对电子产品的百思买和 B&H Photo，针对服装产品的梅西百货、科尔士百货和杰西潘尼百货，以及自家的品牌网站，比如 Samsung.com、Levi.com 等。

全面的产品设置是什么意思？意思是不能只填写一个"商品设置"Excel 电子表格，然后将其发给零售商以列出你的商品进行销售就完了。而是需要各种形式的、全面的产品内容，而且在你的品牌网站（如 Samsung.com 这样的企业网站）和网络零售商网站上都要有。

全面的产品内容意味着要有以下内容：

◎ 在零售商网站上销售的每款产品的基本商品设置；

◎ 健全的产品描述；

◎ 使用消费者所用的搜索语言的产品描述；

◎ 评分和评论；

◎ 消费者的问题得到解答；

◎ 产品图像；

◎ 产品视频；

◎ 生活方式的图像、视频；

◎ 产品对比表；

◎ 相关商品描述；

◎ 在线贡献内容、建立品牌的消费者社区的培育；

◎ 存储内容的中心化位置；

◎ 能以不同零售商所需的各种格式轻松输出内容的方法。

因为我们已经在之前的章节中详细介绍了内容，所以我们将直接转向需求生成和分析步骤。

第二步：需求生成

在设置完你的产品并且这些产品的商品页面完整（有完整的产品描述、多张高分辨率图像、一些评论和富媒体内容）之后，就该开始将购物者引导至你的商品页面了。尽管零售商会做自己的搜索引擎优化、付费广告宣传（搜索引擎营销）和其他形式的促销活动，但你作为供应商也应当义不容辞地促进购物者对产品的需求。需求生成有多种形式。

◎ 搜索引擎营销（SEM）；

◎ 搜索引擎优化（SEO）；

◎ 电子邮件营销；

◎ 社交媒体投资；

◎ 定向横幅广告；

◎ 零售商网上交易促销活动；

◎ 零售商品牌网站、品牌展示位；

◎ 直接营销。

你应该优先投资其中哪些渠道？这取决于你听谁的。

截至 2016 年 11 月，根据 Custora E-Commerce Pulse 的数据，

搜索广告带来了 19% 的电子商务交易量；有机营销 ① 的贡献是
18%，低于付费广告；电子邮件营销的贡献是 25%。[19] 来自用户
生成电子商务内容平台 Yotpo 的一份报告指出，2015 年有 34%
的访问源自搜索，40% 是直接访问，仅有 5% 来自电子邮件。[20]
所以，简单来说你需要投资所有的需求生成渠道，而不只是投资
其中一个。让我们逐一介绍一下每种类型的需求生成。

搜索引擎营销

搜索引擎营销是指出现在谷歌、必应和雅虎等搜索引擎的
自然搜索结果上方的广告。几乎任何人都可以购买这些广告并
将其用于提升自己商品页面的访问量，不管是自己品牌网站的
页面，还是零售商网站的页面。但搜索广告可能很昂贵，价格
范围从低端的不常被搜索关键词的每个广告 5 美分，到高端的
每个广告数十美元。

根据网络广告公司 WordStream 的数据，在保险、贷款和抵
押等一些竞争激烈的品类中，每次点击成本（cost per click，简
称 CPC，即当一个消费者点击广告时广告客户需要支付的费用）
高达每个 54.91 美元。[21] 幸运的是，尽管食品、玩具、电子产

---

① 有机营销（organic marketing）是指随着时间的推移让消费者逐渐接纳你的
产品，而不是通过付费链接或宣传文章等"人工"方式。——译者注

品和服装关键词的搜索广告也不便宜，但绝没有前面列出的那些品类的广告高。

也许你想知道供应商是否会在谷歌和其他搜索引擎中给自己的产品打广告，答案是肯定的。举个例子，2017 年 1 月你在谷歌上搜索 "diapers"，前两个付费搜索结果来自网站 diapers.com 和 honest.com，但接下来的两个结果则来自 Pampers.com（宝洁）和 Huggies.com（金佰利）。尽管你没法在 Pampers.com 品牌网站上直接购买尿布，但你能得到大量有帮助的信息，然后你可以点击该品牌网站上的各个网络零售商进行购买。

搜索引擎优化

在网络搜索引擎发明近 20 年后，搜索引擎优化可能仍然是严重被低估和更具成本效益的营销形式之一。出现在搜索引擎中付费广告下面的结果被称为自然搜索结果。因为这些是不花钱的，也就是说营销人员不会像使用搜索引擎营销一样付钱给谷歌，让他们的页面被列入自然搜索结果。但是，营销人员通常需要花钱给代理机构以优化自己的排名，让他们的商品在搜索结果中排名较高。

多年以来，决定哪些商品在谷歌搜索结果中排名较高的算

法已经变得复杂并先进了很多。这些算法过去主要是看有多少
其他网站链接回一个给定网站，并根据这一情况在确定搜索结
果中页面的排名。理论上，链接到一个给定网站的网站越多，
并且这些网站的声誉越好，那么这个网站就有更高的权威性，
因此应该出现在搜索结果中更高的位置。但随着时间的推移，
随着营销人员越来越聪明以及很多人都试图通过建立链接来博
取搜索结果，搜索引擎算法也变得越来越复杂。

当今的算法在确定自然搜索结果中排列的页面时会考虑多
种不同的因素。这些因素包括反向链接，也包括内容质量、内
容长度、内容新鲜度、内容相关性（指网站上特定页面与给定
搜索关键词的相关程度），以及内容独特性。还有与关键词有关
的其他因素，给定搜索的关键词是否出现在了页面的标题标签、
描述标签和 h1 标签中？标签是一个 HTML 术语，是指网页的
元素；网页是用 HTML 构建的，首先通过特定方式创建页面的
结构，然后正确填充构成该页面的标签，你就能提升你的商品
在搜索结果中排名较高的可能性。

实际上，谷歌用来确定特定商品在其搜索结果中排名的不
同因素有大约 200 个。[22] 在自然搜索结果方面，有两个地方需
要供应商重点关注：自家的品牌网站和他们销售产品的零售商
网站。对于自家的品牌网站，能控制其结构、设计和所有的内

容，因此完全可以优化。

对于零售商网站，你也许不能控制网站结构，但你可以向零售商提供优质的产品标题（包括一个流行的关键词）和优质的产品描述内容，从而让这些零售商的页面在谷歌和其他搜索引擎中获得较高的排名。此外，通过提供更好的内容，你就很可能在购物者到达商品页面时实现更好的转化。我们会在谈论第三步"指标和分析"时再谈跟踪搜索排名表现的方法。

电子邮件营销

我们有多种使用电子邮件营销来接触顾客的方法。尽管电子邮件营销主要是零售商在使用，但这并不是零售商专属的。作为供应商，可以直接接触顾客。随着时间的推移顾客名单会越来越长，供应商可以通知他们有关新产品的信息、向他们提供优惠券以及请他们为产品写评论。

研究表明，影响电子邮件营销成功的最重要因素是你在电子邮件中所使用的主题。[23] 你可以测试不同的主题，看哪个效果最好。Mailchimp 等程序让你可以对多个主题进行 A/B 测试，然后看哪个效果最好。

电子邮件营销也很适合市场平台卖家，联系产品的近期买家，看他们对购买的产品是否满意，并在他们不满意时提供帮助。"点网成金"供应商正在成功应用这种方法减少差评。他们可以在顾客觉得需要在网上写下自己的糟糕经历之前就联系他们并解决问题，或者就算他们写了差评，他们也会将供应商解决问题的做法包含进去（假设供应商确实解决了他们的问题），从而将一个潜在的差评变成了一个成功的故事。

社交媒体

现在有很多品牌都在关注社交媒体。尽管据调研公司 Custora 称，社交媒体只贡献了 2% 的购物者访问量[24]，但它在购买途径上确实发挥着很重要的作用。由于对访问情况的统计只会看购物者在进入零售商网站之前最后一步所经由的渠道，因此社交媒体可能更接近"认知构建载具"，而非"驱动购买的策略"。[25] 所以，就算社交媒体可能无法直接带来购物者，你也不能忽视消费者怎么谈论你的品牌。

对于大多数供应商来说，这意味着需要一位品牌大使来阅读社交媒体帖子并做出回应。不仅如此，这还意味着需要创造社交内容来提升品牌认知度，并将这些内容分享在 Facebook、Pinterest、YouTube、Twitter 和自家的网站上。加入谈话是很重要的。

定向横幅广告

在将购物者吸引到产品上的各种方法中，展示广告依然是一个重要渠道。我们看到"点网成金"供应商在展示广告上有一些常见的主题。

◎ 使用展示广告来展示特定的促销活动，比如免运费或折扣，另外还有"立即购买"等号召采取行动的标语。

◎ 创造针对购物者市场中特定利基群体（男性、女性和喜欢折扣的人等）的定向横幅广告。

◎ 使用动态内容，包括价格和供货量的实时信息更新。

◎ 既会在相关的第三方网站上做广告，因为购物者可能会在这里进行研究调查，也会在零售商网站上宣传。

◎ 在购物者继续研究并完成购买的过程中，使用重新定向来提升品牌认知度，并保证自己的品牌是购物者心中的首选。

零售商网上交易促销活动

Acosta Sales & Marketing 是一家年收入 18 亿美元的零售和营销公司。据该公司称，交易促销是一个价值 1 000 亿美元的行业，占典型快速消费品公司销售总额的 10% ~ 25%。[26] 随着电子商务持续增长，"点网成金"供应商也将越来越多的交易促销活动搬到了网上。

不同于实体店零售的供应商，"点网成金"供应商有专门的电子商务交易促销预算和团队。他们会组合性地使用数字优惠券、返利和其他活动来提升消费者需求和品牌认知度。最优秀的供应商会将网络交易促销活动与分析结合起来。他们会确保在进行交易促销活动时，产品有库存且一直有库存，并且还有优质的内容。

零售商品牌展示位

除了最大型的供应商，很多供应商都不太了解零售商品牌网站和品牌展示位。品牌展示位可通过图像和视频来专注地展示一个品牌和讲述该品牌的故事。多产品展示位包括图像、视频和一系列待出售的特定产品。技术先进的零售商会混合使用静态产品展示（人工选择）和动态产品馈送，这种动态馈送是根据定价、供货量和其他因素确定的，决定了展示页面上会列出哪些产品。

品牌展示位通常重在特定的活动，比如节假日、新产品发布、特定的品牌活动或限时优惠。与其他形式的需求生成方法结合起来，这可以成为一种有效的品牌故事讲述方式，并促进消费者购买产品。这样的活动会将品牌和零售商联合到一起，让该品牌有在该零售商网站上展示自己产品的独特机会，同时还没有竞争对手的产品和品牌来分散消费者的注意力。

直接营销

最近有研究表明亚马逊是所有电子商务搜索中 44% 的搜索起点。[27] 考虑到亚马逊的营收情况，这并不令人惊奇。据 eMarketer 和《财富》报道，亚马逊在 2016 年 5 月之前的 12 个月里实现了 822 亿美元的营收，同期沃尔玛的营收为 125 亿美元，其他零售商都不到百亿美元。[28] 截至 2016 年 6 月，亚马逊的 Prime 会员数估计达到了 6 300 万，占该网络零售商顾客群的一半以上，所以很多购物者直接去亚马逊的网站上开始自己的电子商务搜索是很合理的（如图 8-2 所示）。[29]

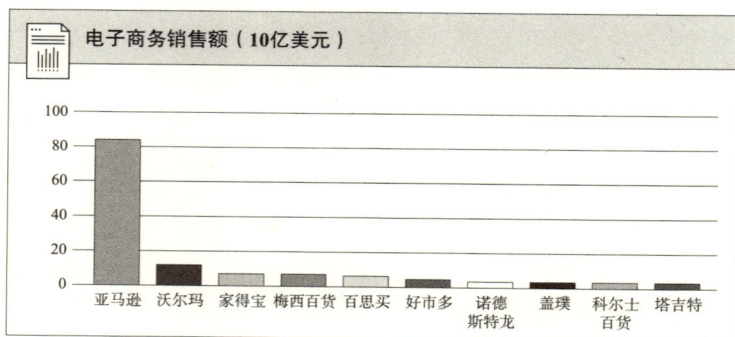

图 8-2　2016 年 5 月之前的 12 个月内的电子商务销售额

不管哪个来源的流量份额最大，很显然，提升消费者对产品的需求需要多种方法混合使用。

第三步：指标和分析

随着对第二步的持续投入，需要知道如何做效果最好，并再次投资有利可图的策略。为了了解业务状况，以及改进提升的机会，我们将在这里探索你需要采用的各种类型的分析方法。

◎ 网站分析；

◎ SEO 分析；

◎ 针对特定零售商的分析（我们在某家特定零售商上的表现如何）；

◎ 跨零售商分析（为什么这家零售商的表现优于另一家）；

◎ 竞争分析（我们相对其他品牌的表现）；

◎ 持续不断的产品呈现和需求生成调整。

网站分析

"点网成金"零售商会使用网站分析来理解购物者在他们的网站上的购买路径。供应商也会在他们的品牌网站上使用网站分析来理解购物者的访问情况，如购物者会看哪些产品和信息页面。用于网站分析最常见的两个应用是 Adobe Analytics（之前是 Omniture；Adobe 公司在 2009 年收购了 Omniture）和谷歌分析（Google Analytics）。这两款产品都能让人了解一个网站上每个页面被访问的情况。

这样的分析程序还能将页面分成不同的组：高流量但低转化率页面、访问量最大的页面、访问量最小的页面，等等。内容分析平台可以导入访问数据或已经分组的页面列表，然后运行内容健康度和 SEO 审计，以了解零售商和供应商可以采取的特定行动，从而为网站带来更多流量和提升转化率。

SEO 分析

在 SEO 方面，可供选择的著名 SEO 平台有好几个，这些产品可以提供有关搜索引擎排名的见解。但客户告诉我们，这些产品往往会提供大量数据，但很少有具体的可采取行动的见解。所以，除了我们内置的内容健康度报告之外，内容分析平台还包含一个内容健康度的 SEO 视图。通过将内容健康度与 SEO 报告整合到一起，客户能轻松了解哪些商品页面有最大的改进空间，特别是当与 SEO 有关时（如图 8-3 所示）。

图 8-3　组合到一起的内容健康度和 SEO 报告

我们不需要客户告诉我们要检查哪些关键词的排名，我们会自动确定产品适合的关键词，以及哪些可能需要优化以便带来更多流量。谷歌和其他搜索引擎非常注重特有的高质量内容。内容分析平台会评估商品页面内容健康度和 SEO 排名，并会将这两者组合起来以便你准确了解需要提升的地方。这种做法能带来很好的效果，通过更好的 SEO 能为页面带来更多流量，通过这些页面上更高质量的内容，实现更高的转化率。

针对特定零售商的分析

针对特定零售商的分析能让你了解在特定零售商上的表现以及你能做些什么来获得提升。正如我在之前章节中提过的那样，我们重点关注一些核心指标，包括内容质量、搜索份额、货架份额、评分和评论以及品类和库存。

在与"点网成金"客户针对特定零售商的团队合作时，我们通常会帮助他们进行针对特定零售商的分析。比如，我们与特定供应商的沃尔玛或亚马逊团队开始合作时，我们会向他们提供一套全面的功能，比如电子商务仪表盘、商品设置和内容更新。

在完美实现与一个团队的合作之后，我们会延展到该组织中的其他零售商团队，实现全局的电子商务功能，或同时实现特定功能和全局功能。这种方法的优势在于，当我们开始注重与供应商在特定零售商方面的合作时，我们对该供应商业务的理解也将变得非常深入。

跨零售商分析

对于其他供应商，我们一开始就会提供跨多家零售商的分析。这种方法的好处是供应商可以监控自己在不同零售商上的相对业绩表现。我们立马就能确定改善内容的机会、运行评论扩展项目和优化定价与供货。

我们通常看到的跨零售商分析的目的有 3 种：

◎ 为了了解不同零售商渠道上的业绩表现和改进机会；

◎ 为了确保多个渠道上的品牌完整性，包括产品命名、图
像和视频；

◎ 为了获得一个早期预警系统，针对特定供应商上可能出
现的问题能进行预警，这样供应商就不会在已经无法挽
救时才知道这个问题，比如产品缺货。

大型组织中的单个供应商或品牌团队能在整个组织层面上
使用同一个分析系统，其中每个团队都重点关注自己的领域。
然后，区域经理和全球电子商务主管也能使用同一个平台来理
解整个业务的业绩表现。

尽管供应商可能有能力检查少数几家网站上的少数畅销商
品，但他们很少有每天在数十家网站上检查自己的所有产品所
需的时间和资源。像内容分析平台这样的自动化跨零售商分析
方法，既能提供这种水平的见解，也能提供异常警报，这样供
应商就能快速收到任何需要他们关注的商品的提醒。总体而言，
这意味着供应商只需投入已经使用的同等时间和人力资源，就
能在他们的整体业务上获得更多的优势。

竞争分析

竞争分析能在竞争对手的背景下为"点网成金"供应商提

供有关产品的见解，不管是一个渠道还是多个渠道。某些"点网成金"供应商有专门处理竞争报告的团队，通常侧重于市场份额指标和新产品的开发。电子商务分析中的竞争见解又为这类报告增加了另一层关注点（如图 8-4 所示）。现在供应商可以了解他们相对于竞争对手的图像和视频摆放方式、产品描述长度、评分和评论、品类、库存率和定价情况。

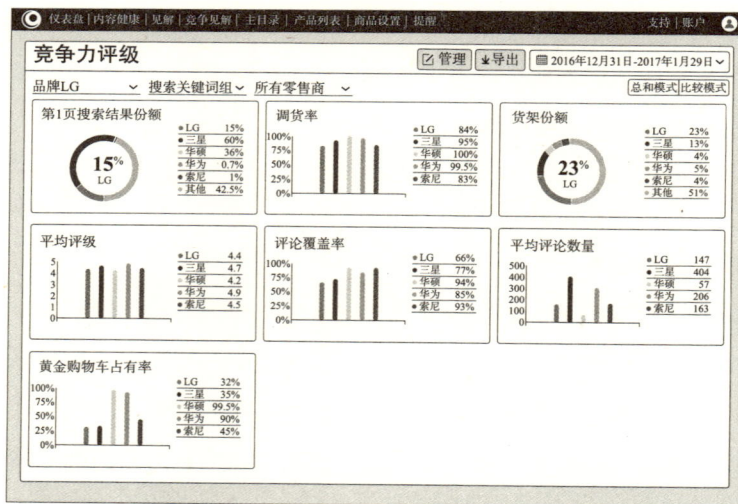

图 8-4 竞争见解

持续不断的产品呈现和需求生成调整

电子商务从来不是一个一蹴而就的领域。在实体店中，你每年只需生产几次产品包装和设计几次货架布局，但电子商务不一样，需要持续不断的改变。零售商会快速上线新货架并让挑战者的品牌加入竞争中。竞争对手也在不断发展他们的产品呈现方式。

"点网成金"供应商会积极主动地应对，持续不断地调整。他们会不断更新图像，以使它们与最新的品牌图像保持一致。这能降低退货率——购物者收到的产品与他们下单时看到的产品图像是匹配的。他们会添加富内容，而且确保他们占据了尽可能多的数字货架以及产品有货。只有得到内容分析平台这样全面的技术平台的支持，这一切才有可能。如果不使用机会，想跟上电子商务的速度无异于痴人说梦。

转动起来的电子商务飞轮

格特在 3M 公司的时候，他们用 4 年时间让电子商务业务从零成长为收入 8 位数的业务。格特说："做到这一点的基础仰赖于产品选择和产品呈现的飞轮。在这方面做到完善之后，产品已经通过网站上和网站外的需求生成吸引到了早期顾客，下一步是投资以提升产品的流量。然后就是循环往复的过程，分析所有情况，寻找下一个改善产品呈现和需求生成以及赚钱的机会。"

为实现产品呈现和需求生成而做的早期工作能提升销量，这基本上大家都知道，只需通过扩大配送范围就能实现更多收入。但一个渠道的规模变大之后，就会在该增长情况上出现内部力量和外部零售商之间的紧张关系。比如，在看到 3M 在亚马逊上的产品呈现效果之后，与 3M 合作的更传统的零售商也开始要求 3M 在他们的网站上实现在亚马逊上那样的产品呈现效果。

在网络上，零售商可以快速迭代消费者体验。相对而言，重新设置 1 000 家店内的货架布局却非常艰难。因此，品牌和零售商的数字灵活性是"点网成金"供应商和零售商的一大关键特质。

◎ 挑战品牌一直以来的做事方式；

◎ 实验商业模式和品牌与定位。

与亚马逊合作还能学到什么重要的东西？亚马逊非常坚持以顾客为讨论中心，有时候参加会议的人甚至会在桌子旁留一张空椅子作为顾客的座位。

全渠道难题

回到电子商务飞轮的起源，我问格特全渠道零售商可以怎样在电子商务领域竞争？他的回答是：如果他们真的可以简明化全渠道体验，全渠道零售商在消费品、视频和许多其他领域都有取得市场领导地位的绝佳机会。

Jet.com 和亚马逊等纯数字零售商与全渠道零售商之间存在一个明显的差异。那些由线上渠道决定生死的零售商，也由他们用于提供合适购物者体验的产品内容的质量决定生死。因为除了将产品运送给购物者之外，他们只能使用产品内容向购物者提供有关产品的信息。

相对而言，全渠道零售商可以用实体店领域的投资来弥补数字领域的投资不足，至少可以在短期内这么做。全渠道零售商已经开始明白组合利用自己的实体店和网络存在的方法了。

此外，供应商也越来越担忧把自己的所有数字未来都押注在亚马逊上，以及太多的电子商务业务都只流经一家零售商运作。供应商还有机会测试在其他网络零售商上的产品呈现和需求生成。供应商可以选择多个能直接购买到他们产品的市场，这样亚马逊就没法垄断他们增长最快的渠道。

从实体店货架到数字货架

对于很多传统的快速消费品公司和实体店品牌而言，"无限货架"仍然是一个新概念。举个例子，French's Mustard 会生产很多不同类型的芥末酱。在传统的实体店环境中，French's 只能投入力量生产其中少数几种。

但在网络渠道中，French's 可以找到并触及更大的买家群体。它可以讲述自己的故事，将顾客吸引到可能非大众市场的产品上。正如格特指出的那样，网络由于有无限的货架，供应商实际上可以面向许多不同的利基市场。

此外，电子商务领域的品类增长不是零和博弈。这里有很多货架，它们都无限长。相对而言，在实体店中，零售商必须权衡产品 X 和产品 Y 所占的空间。而网络零售商可以同时最大化产品 X 和产品 Y 的流量。

但只有品牌参与进来，零售商才能实现这种流量最大化。不管实体店还是网上，零售商往往都会重点关注品类，然后投资与他们一起的品牌。但在网上，零售商更愿意投资有难度的品牌，支持更有难度的品牌可帮助零售商创造利润。

不断发展的购物模式

回顾过去 25 年，购物方式经历了怎样的变化？

新的供应商和全球供应商已经极大地提升了市场中的 SKU 数量。SKU 激增的同时，人们的注意力也在碎片化。正如格特说的那样，25 年前你可以去诺德斯特龙（Nordstrom），他们会教你运作媒体组合模式的方法，你可以投放一些超级碗广告，拿下一些货柜头部的销售位，然后你就肯定会赚钱。就这么简单。

但现在，这种做法的效果正一年一年地变得越来越差。现在的问题是如何以一种能让人信赖的方式讲述你的品牌故事，让你的产品可以被普通消费者发现，这些消费者现在已经不会受最新的超级碗广告影响了。消费者想要信息，不管是来自生产商的在线内容形式的信息，还是来自身边人的口耳相传与网络评分和推荐。

在当今消费者的预期中，生产商会提供能让他们做出信息充分的购买决策所需的产品信息。这意味着一个基本标题和几项产品要点是不够的。

消费者已经见过某些品牌在使用多张图像、视频、问答与评分和评论上的良好表现。所以，他们知道这是可以做到的。

那些不投资全面的线上产品呈现的品牌会被当今的购物者

质疑。消费者一般会认为这些供应商没有提供用以评估该生产商的产品的充分信息，他们也许隐瞒了什么。

在网上提供一流的产品呈现是一种构建消费者信任的方法。现在投资优质内容的供应商都认同这一想法，给产品 8 个镜头比给 1 个镜头好。

小品牌的优势

在数字时代，小品牌的优势比以往的任何实体店时代都大得多。在过去，除非小创业公司的品牌撞了大运，否则它很难得到零售商的支持，得到零售商支持的都是大品牌或品牌控股公司。

格特指出，冰冻土豆生产商 Alexia Foods 就是其中一例。他们的竞争对手是更大型的品牌 Ore-Ida（Kraft）。他们在配方和产品上有一个好故事，这个故事在数字领域讲起来要比在实体店中轻松得多。在数字领域，公司可以从提供最基本的内容开始在这个新地方讲述自己的故事，让消费者认识自己的品牌。因为线上的货架空间可以随时重新配置，所以亚马逊和沃尔玛等零售商都渴望为他们的购物者带来挑战者的品牌。

　　另一方面，小品牌需要证明他们的品牌优于已经很有名的品牌。要让消费者选择购买挑战者的品牌，这个挑战者就必须克服消费者多年乃至多代人一直以来的购买选择惯性。在网络上提供高质量的内容，并寻找响应他们产品的消费者利基市场，比以往实体店时代的任何时候都更有可能实现。

　　想象一下，假如你要在网上购买一台新电视机。你进行了搜索和研究，打开了一个你可能有兴趣购买的产品页面，却发现上面有且只有一张非常小的图像，没有评论、有几个未得到解答的有关该产品的技术规格的问题、没有该产品与同一制造商的其他相似产品的比较。

　　但是如果你没记错，你是通过点击在 Facebook 上看到的广告而抵达这个商品页面的。你会想，真是奇怪，为什么制造商会花钱打广告把你带到一个产品展示方式毫无吸引力的产品页面？他们是不是搞错了？他们是不是想要隐瞒什么？

　　然而这正是实体店供应商的做法。在试图实现"点网成金"飞跃的过程中，他们投入了巨量资金来打广告，却将他们的潜在购物者带到了不仅表现不好，而且还会有反作用的页面上。糟糕的页面会稀释他们的品牌价值。

相对而言，"点网成金"供应商则已经转起了电子商务飞轮，这是优化产品呈现、需求生成以及分析与见解的良性循环。

在前面的章节中，我们介绍了实现电子商务飞轮所需的最佳实践方法和工具。在这一章中，我们看到了将所有这些离散的元素组合起来构建全面的电子商务策略的方法。下一章就是我们的最后一章，我们将在本地、全国和全球的层面上审视电子商务的未来。

09

从赢得"超级转化率"
到可持续的全渠道

BRICKS TO CLICKS

WHY SOME BRANDS WILL THRIVE IN E-COMMERCE
AND OTHERS WON'T

单纯的网络零售是不可持续的。

—— 斯科特·加洛维，纽约大学市场营销学教授

　　随着亚马逊上开张的短期时尚潮店、实体书店和食品店越来越多，这个网站也不断出现在新闻头条上。与此同时，传统零售商也因为大量倒闭而成为新闻头条。从表面上看，一种方式正在取代另一种方式。但深入观察一番，你会发现现在正发生着更为有趣的事情。

　　第一，亚马逊希望向我们出售更多东西。现在电子商务占总零售额的 10%，亚马逊肯定还想在剩余 90% 的部分占有一席之地。此外，尽管食品网购仍在继续高速发展，但仍然只占全美食品市场的 2%。[30,31]

　　第二，运输成本的问题。随着免运费已经变成电子商务的标准，亚马逊的运输成本每年都会上涨 20%。[32] 所以，尽管免

运费是一种快速获取顾客的有效方式，但这种服务的成本是不可持续的。然而，现在这是一种几乎不可能夺走的顾客需求。实体店提供了另一个机会：不仅涉及与顾客互动，而且能降低运输成本；如果很多消费者都去店里取他们的商品，那么亚马逊就能省下将这些商品运送到顾客家里的成本。

第三，资产成本。亚马逊的市值在持续上涨，同时梅西百货等实体店零售商的市值在不断下滑。受昂贵的租赁和实体房地产的影响，梅西百货和杰西潘尼等连锁零售商已经被迫专注于大幅削减成本，同时亚马逊还在继续投资自己的品牌、可以提供的产品和服务以及进行技术创新。预计亚马逊将在 2017 年超过梅西百货成为美国最大的服装零售商。[33]

第四，网络商店的成本越来越高。据 Forrester Research 的数据，现在已有超过 800 000 家网店在争夺我们的钱包了。[34]所有这些竞争都在推升获取客户的成本。

第五，尽管传统的商场已经不再具有曾经的吸引力，但消费者对新形式的实体店显现出了浓厚的兴趣，比如苹果公司的苹果零售店。[35] 低价高端眼镜生产商 Warby Parker 一开始是一家只做网络销售的零售商，现在已经开设了超过 20 家实体店。

第六，电子商务已经变成了零售业进行创新的有效方法。很多品牌和零售商都在使用电子商务来实现现代化，以及在某些情况下重塑零售体验。比如，中国的零售巨头阿里巴巴最近宣布以 26 亿美元私有化连锁百货商店银泰百货集团。

这笔交易能为阿里巴巴打开更大的现有实体店零售市场，让这家电子商务引领者能更为激进地实验新的零售策略。[36] 还有其他一些只做电子商务的零售商也在开店，包括珠宝零售商 Blue Nile 和服装生产商 Bonobos。他们都指出，消费者想要触摸和感受他们打算购买的产品，是他们开设实体店的重要原因。当然，还有一个原因是为了营销。像苹果在旧金山联合广场开设的那种旗舰店，对想要继续增加消费者的认知度、黏性和忠诚度的品牌而言有很大的好处。

未来几年里，我们很可能将看到更多的实体店关门。但与此同时，我们可能也会看到很多新的实体店开张，只不过不是来自传统的零售商，而且不是梅西百货和诺德斯特龙那种通常的大型商场的形式。如果亚马逊的新实体店预示着什么，我们可以预计实体店体验将开始更像是电子商务体验；反之亦然。然而，电子商务才是增长的领域。市场调研公司 eMarketer 认为，北美地区电子商务的两位数增长速度至少会持续到 2020 年。[37]

我们内容分析平台也在我们的业务上看到了同样的趋势。曾经只做电子商务的客户现在让我们也分析和报告实体店和电子商务的零售数据。他们会将线上和线下渠道的销售数据都发送给我们，支持我们变成"电子商务控制中心"的工作，这不只是为了他们的线上业务，也是为了线下业务。他们发现，与我们基于云的现代分析解决方案所带来的功能相比，他们用于实体零售报告的很多系统都速度缓慢且过时。

在内容管理方面也是如此。依赖传统安装的软件系统（其中有些已经多年没更新了）的客户看到了我们在电子商务上所能做到的事，然后将我们拉进了他们的整体业务中，其中既有线上业务，也有实体店业务。他们希望能为他们的实体店零售业务实现像电子商务业务那样的灵活性、迭代速度和创新能力。

我们看到供应商和零售商都有这种情况。比如，供应商会让我们管理他们线上和实体店内的所有数字品牌资产，零售商会与我们合作将他们的线下和线上系统的数据链接到一起，以便他们更好地了解他们在电子商务领域的工作对他们的实体店情况的影响，反之亦然。

为了将线下和线上的访问与销售情况链接到一起，移动电子商务肯定是又一个与全渠道未来密切相关的领域。预计 2020

年时移动电子商务将达到总电子商务份额的 45%。[38] 然而，要赶上桌面购物体验的便利，移动购物体验还有很长的路要走。

桌面设备仍然占到了数字订单的大约 75%；很多零售商仍然还处在将他们的网站从硬编码的面向桌面的用户界面，升级成全响应式的网站体验的过程中。

> **洞见** BRICKS TO CLICKS
>
> 响应式网站使用了更为动态的网站设计，这样同一个网站在各种桌面、平板电脑和移动设备，以及不同的屏幕尺寸上都能良好地工作。

人工智能创造定制化体验

正如零售商希望融合线下和线上一样，他们也希望将实体店购物的某些方面复现到网络上。其中的一个例子是使用人工智能来创造某种独特的定制化体验，目前只有一家实体零售店提供这样的体验。[39] 人们长久以来一直期待着使用聊天机器人来实现更个性化的顾客体验，同时还能带来自动化的可扩展性。从历史上看，聊天机器人还不能为人类提供足够复杂精细的交互，还没有得到人类很高的评价。然而，随着 IBM Watson 等新型人工智能技术和源自数十亿次在线顾客交互和购买行为这些非常大规模的数据集（大数据）的出现，让我们具有了创造更复杂先进的聊天机器人和自动化个人购物助理的能力。这些自动软件可以回答有关订单状态的问题，甚至能推荐顾客购买新产品。

零售商和供应商也在寻找其他使用人工智能的方式[40]，其中包括：

◎ 个性化推荐；

◎ 定价和缺货情况预测；

◎ 基于图像识别的自动化产品标注；

◎ 视觉搜索；

◎ 欺诈检测；

◎ 预测需求以为库存选址提供信息；

◎ 情绪分析以自动理解评论中的微妙情绪，以及确定产品问题或消费者需求的变化。

行业调研公司 Gartner 预测到 2020 年，85% 的消费者交互都不会由人类管理，并且到 2018 年年底，自动系统将能跨越多个渠道、通过人脸和声音来识别顾客。[41] 这样的系统在实体店内和网络上都可以使用。亚马逊推出的完全自动化的食品杂货店，其技术可以在更大范围内得到应用，从而创造更接近线上体验的线下购物体验，以及有某些线下体验元素的线上购物体验。

在某些行业报告中所说的"计算的未来"领域，亚马逊正凭借 Amazon Echo 及其底层服务 Alexa 展现其创新的新型语音功能。[42]

行业分析师指出，不同于很少被用户用作手机的主要用户接口的 iPhone Siri，亚马逊在使 Alexa 对消费者更为友好方面下了更多功夫，因为语音是 Amazon Echo 和其他嵌入了 Alexa 的设备的主要接口。

> **洞见** BRICKS TO CLICKS
>
> 语音是一个有希望的电子商务新入口。亚马逊的 Alexa 是这方面的一个出色案例，而且现在其不仅被整合到了亚马逊自己的设备中，而且也被整合到了汽车、冰箱和其他设备中。

不管你关注电子商务的哪个领域，未来人工智能都必将发挥重要作用。

7 步成为一流品牌

纵观"点网成金"品牌，我们在帮助这些供应商取得电子商务成功上存在一个共同的行动手册。很多品牌在刚开始与我们合作时，在电子商务领域的存在感都很有限。然而，通过采用我们推荐的最佳实践，他们很快就确立了在电子商务领域的强势地位。

他们的响应时间改善了，周期缩短了。他们部署了仪表盘，能获得优化业务运营所需的见解，具有出色的内容管理能力，以确保跨许多电子商务渠道的品牌完整性。

表 9-1 给出了他们在电子商务中所使用的行动手册，这个手册你也可以使用。

表 9-1　　　　实现电子商务成功的品牌行动手册

领域	行动
商品设置	出现在网络上
库存	要有库存
内容健康度	要有一流的产品呈现方式
定价	定价合适
仪表盘	实现持续不断的运营可见性
主目录	实现中心化的内容管理
组织	实现敏捷灵活的方法

让我们逐一看看其中每一项。

出现在网络上（商品设置）

我们合作的很多品牌在与我们刚接触时都才刚刚在电子商务领域起步。我们使用了已经开发出的内容健康度报告工具来获取他们线上产品呈现的健康状况。当我们运行他们的内容健康度审计时，发现他们的产品是在亚马逊和沃尔玛等网站上列出销售，而不是由这些品牌直接销售。

他们在网上销售的产品很大一部分来自市场平台（第三方）卖家，其中很多都使用了糟糕的内容，并且列出的商品价格高于该品牌实际希望的售价，这两个问题都会稀释品牌完整性。这些品牌需要做的第一件事是夺回商品的网络销售控制权，具体做法是让零售商直接销售它们。我们的大多数客户已经在他们的实体店业务上熟悉了这种模式，所以只需要设置好他们的商品并让其上线就行了。他们全部都听说过有关商品设置的恐怖故事，几周拖到了几个月，假期购物季都过去了，他们的商品还没上线。我们的在线设置方法能让这个过程更轻松，可以提供更多前期的验证以确保更快地完成更多商品的设置，并且还能在整个过程中提供可见性。

虽然零售商商品设置表单中内置了宏来执行数据验证，但内容分析平台执行的验证更为全面，能够减少因为数据问题而被拒的产品的数量。

此外，我们的主目录系统的产品内容管理系统能让供应商随时为新设置的商品上传高质量内容，不管是在商品设置的过程中上传，还是在它们已被列出进行销售之后上传都可以。没必要一开始就准备好所有内容；相对而言，如果供应商一开始就准备好了所有内容，我们也能立即上传并提交所有的内容。

内容分析平台会存储商品被提交的历史记录，让你可以在未来轻松跟踪需要的任何信息。这有很多好处，比如用来在其他零售商电子商务网站上设置同样的商品。这能避免将重要的产品信息存储在难以查找的电子表格中的麻烦。商品是可搜索的，而且还有可以轻松访问的完整历史记录。此外，我们内置的"是否已上线"报告和提醒有助于品牌在商品上线销售时快速知悉。

确保库存（库存）

品牌会在产品开发和营销上投入大量的时间和金钱。然而只有"点网成金"供应商才会坚持确保所有努力都不会白费。日复一日，他们都要确保商品有货。如果没货，他们就会快速响应，减少商品断货的时间。

"点网成金"供应商会使用内容分析平台将基于网络的数据和内部库存数据结合起来，以便快速确定和解决库存问题。这能带来数百万美元原本可能丢失的收入。

在某些情况下，供应商会利用缺货提醒让自己知道一款产品在某网站上什么时候出现了缺货问题。在其他一些情况中，他们会向我们提供他们的内部库存信息馈送，然后我们可以将其与零售商网上显示的库存数据进行比较。我们通常能够确定两者之间的差异，并快速纠正。

我们还可以执行与此有关的根本原因分析，以帮助供应商理解他们失去黄金购物车的原因。有时候这是由他们的商品缺货造成的，然后市场平台卖家会填补空缺。其他时候是因为零售商对该供应商的产品定价高于市场平台卖家的定价。不管哪种方式，"点网成金"供应商都会在缺货和黄金购物车问题上保持良好的状态，从而完成尽可能多的销售。

要有一流的产品呈现方式（内容健康度）

"点网成金"供应商会重点确保他们的所有产品在网上看起来都很棒。他们会从内容分析平台的内容健康度报告开始来理解他们所处的状况，然后确保所有的产品详情页面（product detail pages，简称 PDPs）都有出色的核心内容，如多张高分辨率图像、足够长的特有产品描述、对移动设备友好的标题。但他们不会就此止步，他们还会添加视频、提供全面的产品属性数据，以及发起活动让自己的产品得到评论。

"点网成金"供应商会使用内容健康度报告来设立基准，然后迭代式地提升，直到所有商品都具有良好的内容健康度分数。这意味着要有多张高质量的图像、为 SEO 优化过的特有产品描述、对移动设备友好的产品标题、视频和评论。"点网成金"供应商知道，很多时候，购物者在做出购买决策之前，PDPs 可能是他们唯一会看的商品推销形式。

与内容健康度报告休戚相关的是品牌审计。通过比较电子商务网站上的内容与供应商向我们提供的内容（"母版内容"），我们可以确定品牌希望在他们的零售商合作伙伴网站上看到的内容与实际展示的内容之间的差异。有时候，供应商已经将内容发送给零售商了，但系统故障却导致这些内容没有出现在网站上。另一些时候，他们有正确的内容，但零售商只是还没更新网站上的内容。不管怎样，品牌希望能在零售商没有最新和最好的内容的时候了解情况。高退货率是电子商务的一个大问题，而且当消费者收到的产品不同于他们在 PDPs 中的产品图像上看到的产品时，情况甚至还会更糟糕。

我们合作的一家供应商甚至让我们将主图像匹配作为他们电子商务仪表盘的一项核心指标。我们会将他们提供的图像通过自动馈送进入我们的主目录系统，与电子商务网站上的图像进行比较，并确定其中的任何不同之处。我们的图像匹配技术是足够先进的，能让我们匹配分辨率稍有不同或有其他细微差异的图像。这些图像在技术上说是不同的，但在人眼看来是一样的，因此供应商将它们看作匹配的图像。

为了实现我们向客户提供端到端解决方案的目标，我们还提供了完整的内容开发服务，其中包括创作产品描述、图像和视频的服务。通过这种方式，那些只想交出整个操作过程然后就能完成高质量内容部署的供应商就能轻松完成工作。当然，很多"点网成金"供应商都会自己内部完成内容创作或与他们的代理合作伙伴合作创作他们需要的内容。不管哪种方式，内容健康度评分系统都能为测量和识别机会提供基础，以便随时进行改进并跟踪这些改进。

定价合适（定价）

供应商往往不能控制价格，但他们确实希望看清价格形势。他们想知道第三方卖家的价格是否低于第一方卖家，还想知道一个渠道的价格是否显著高于或低于另一个渠道。除了核心的定价信息之外，他们也想知道数字优惠券和礼品卡对最终价格的影响。有了这些信息，他们就能更好地理解价格对不同渠道的销售业绩的影响。

供应商也希望监控价格变化，因为这能让他们了解零售商的定价策略。比如，一家零售商是否总是先于其他零售商调低价格？他们想了解线下和线上价格的比较情况，有时候一边的变化就预示着另一边的变化。他们希望能在价格不正常时收到提醒，有时候零售商的定价系统会给产品重新定过高或过低的价格，然后产品会卡在这些价格上；还有些时候，价格一开始就配置错了，而且从来没有得到纠正。

最低广告价格定价对供应商来说很关键。这在电子产品等领域尤其如此，供应商担心零售商以低于约定的价格宣传产品，或未经授权的分销商以低于供应商希望见到的市场销售目标价格进行销售。

简而言之，对零售业而言，定价很重要，而且供应商希望尽可能多地了解各个零售客户的定价。供应商会使用内容分析平台的价格报告和提醒来了解他们需要知道的价格信息并获得提醒，从而让价格处在所需的位置。

实现持续不断的运营可见性（仪表盘）

为了有效地运营全渠道业务，供应商需要对这些业务有持续不断的运营可见性。这意味着要有一个能看到所有关键指标的仪表盘、能展示这些指标随时间变化的趋势分析，以及能在出现需要调查的紧急异常时通知的提醒功能。我们使用仪表盘涵盖了所涉及的关键指标。

很多供应商在试图获取这些数据时都会遇到同样的问题。首先，很多数据根本无法使用现有的工具取得，搜索份额和货架份额数据只能使用内容分析平台这样的在线报告平台来收集。其次，由于涉及大量数据，所以难以通过一个易于使用的界面将所有数据都集中到一起。

内容分析平台的仪表盘可以聚合所有这些数据并能让其易于查看、导出和发出提醒。我们已经发现，只需测量和了解这些关键指标，供应商的业务业绩往往就能实现提升。将这种可见性与各方的共同努力结合起来，供应商就能改善关键指标，这通常能在业务上实现数百万美元的增长。

实现中心化的内容管理（主目录）

如果采用人工方式，确保跨零售商的品牌完整性是很困难的。这通常需要花数百个小时访问一个又一个商品页面，并且比较这些页面上的内容与本地存储的内容。我们通过自动品牌审计功能让这个过程容易了许多。我们的系统能让供应商轻松存取他们的数字资产，运行全面的品牌审计，让他们以每家零售商各自所需的格式输出这些资产，比如产品图像和描述，并且还能为他们提供一个用于创造和生产新内容资产的过程。

多年来，很多供应商都不得不以人工的方式生成零售商客户所需的 Excel 电子表格和图像文件。每家零售商对内容模板文件和图像文件都有一套不同的要求。同时，为了提升销量，供应商总是会增加更多分销渠道，所以看似简单的确保品牌完整性的任务，其复杂性会随时间指数级地增长。

供应商会遇到的另一个难题是，存储和查找他们所需的图像和产品内容资产。由于企业并购，供应商往往会存在内部开发的系统和第三方系统，以及其他因素并存混用的情况，图像和视频等数字资产，以及产品描述等文本资产往往存放在很多不同的位置。此外，供应商也希望能灵活地让外部代理机构或内部文案与媒体团队开发数字资产。他们需要工作流程支持以及审查、批准、拒绝功能。

内容分析平台的设计有很多优势，其中之一是既可用作全方位的产品信息管理解决方案，也可简单地作为向零售商聚合内容并将产品内容转换成多种输出格式的渠道。我们也能创造数字图像和编写产品描述，为客户提供真正端到端的解决方案。

实现敏捷灵活的方法（组织）

使用合适的技术来支持电子商务需求是很重要的，也许本行动手册中最重要的步骤是在你的组织中采用一种敏捷灵活的方法论。在供应商看来，速度对电子商务而言既是威胁，也是机遇。"点网成金"供应商会利用电子商务来实现组织转型，从而让自己更专注于数字且更加灵活。

在敏捷灵活的方法论中，对我们的客户而言效果尤其好的一种方法是使用MVP。他们不会为电子商务采用需要几个月才能设置好的复杂系统，而是会采用快速的迭代式方法。他们会频繁进行实验，寻找能实现快速提升同时又能保有长期目标的方法。通常而言，工作流程的小变化、工作流程的简明化和更好的业务指标可见性都能帮助他们顺利实现他们的电子商务目标。

在电子商务的语境中，MVP可以指各种不同的目标，比如要测量的特定指标集合、需要改进的产品页面或有待优化的响应时间。

有的供应商过去会投入数百万或数千万美元来购买多年的实现方案，现在他们往往会惊喜地发现，组合使用敏捷灵活的方法与 MVP 的迭代方法，能对业务产生如此大的影响，并且能很快地带来这些影响。"点网成金"供应商正在有效地使用这种方法来超越他们的竞争对手。

从优秀到卓越

WHY SOME BRANDS WILL
THRIVE IN E-COMMERCE AND
OTHERS WON'T

当我们展望零售业的未来时，前方存在着许多挑战和机遇。在品牌方面，零售商自有品牌业务可能会成为传统品牌的最大威胁之一。亚马逊已经通过引入自有品牌的产品来夺取多个品类的市场份额了，其中包括扬声器、婴儿湿巾和电池。[43]

与此同时，行动迅速的供应商不仅有机会在电子商务上建立优势，而且也能在所有渠道上领先。购物者常常开拓网购新途径，方法最灵活并有最好的内容的供应商，不仅有机会在电子商务领域取得优良表现，而且也能增加在实体店内的市场份额。永远在线、永远连接的情况已成既定事实，购物者一直都连接着网络，不管他们刚刚开始购物，还是正在实体店中做购买决策，甚至是在购买完成之后重新评估。

零售商方面也一样面临着挑战和机遇。随着亚马逊和沃尔玛等大型零售商的持续正面对抗，针对特定市场细分领域的专营独立零售商也在兴起。"点网成金"零售商正在和供应商合作为客户带来更好的内容、更多的产品品类和更好的购物体验。随着线上、移动和实体店渠道的碰撞，零售商正在大量利用数据、挖掘数据以及寻找提升销量的新方法。我们预计将在未来的几个月或几年里看到很多激动人心的创新。

1. http://www.mintel.com/press-centre/technology-press-centre/nearly-70-of-americans-shop-online-regularly-with-close-to-50-taking-advantage-of-free-shipping.

2. https://www.internetretailer.com/2016/02/17/us-e-commerce-grows-146-2015.

3. http://time.com/money/4327632/shopping-malls-closing/.

4. https://www.sba.gov/blogs/how-minimum-advertised-pricing-impacts-your-retail-or-online-stores-marketing-efforts.

5. https://www.internetretailer.com/2016/03/11/more-online-shoppers-readreviews-buying.

6. https://searchenginewatch.com/sew/study/2276184/no-1-position-in-google-gets-33-of-search-traffic-study.

7. https://solvers.ups.com/assets/2016_UPS_Pulse_of_the_Online_Shopper.pdf.

8. https://hbr.org/2017/01/a-study-of-46000-shoppers-shows-that-omnichannel-retailing-works.

9. https://www.wired.com/2016/12/amazon-go-grocery-store/.

10. http://www.startuplessonslearned.com/2009/08/minimum-viable-product-guide.html.

11. https://steveblank.com/2013/07/22/an-mvp-is-not-a-cheaper-product-its-about-smart-learning/.

12. http://www.practicalecommerce.com/articles/76084-Ecommerce-Drop-Shipping-vs-Marketplaces-Pros-Cons.

13. http://www.retailtouchpoints.com/topics/mobile/more-than-90-of-consumers-use-smartphones-while-shopping-in-stores.

14. http://www.invespcro.com/blog/e-commerce-product-

return-rate-statistics/.

15. http://www.ecommercemilo.com/2015/06/top-5-factors-high-ecommerce-return-rate.html.

16. http://unitymarketingonline.com/looking-for-retail-growth-specialty-independent-retailers-are-poised-to-prosper-in-2016/.

17. www.recode.net/2016/9/27/13078526/amazon-online-shopping-productsearch-engine.

18. https://www.recode.net/2017/3/24/15054884/amazon-prime-air-public-us-drone-delivery.

19. https://pulse.custora.com/pulse/platform.

20. http://www.smartinsights.com/ecommerce/ecommerce-analytics/important-e-commerce-traffic-sources/.

21. http://www.wordstream.com/articles/most-expensive-keywords.

22. https://backlinko.com/google-ranking-factors.

23. http://www.digitalmarketer.com/ecommerce-email-marketing/.

24. http://www.smartinsights.com/ecommerce/ecommerce-strategy/increase-retail-traffic-chartoftheday/attachment/retail-ecommerce-orders-traffic-sources-2/.

25. http://www.convinceandconvert.com/social-media-strategy/social-media-is-a-terrible-ecommerce-tactic-or-is-it/.

26. https://www.acosta.com/tradepromotion.pdf.

27. https://marketingland.com/amazon-is-the-starting-point-for-44-percent-of-consumers-searching-for-products-is-search-losing-then-145647.

28. http://fortune.com/2016/05/11/retailers-stocks/.

29. http://fortune.com/2016/07/11/amazon-prime-customers/.

30. http://www.geekwire.com/2016/heres-why-amazon-is-pushing-to-get-into-brick-and-mortar-retail/.

31. https://www.morganstanley.com/ideas/online-groceries-

could-be-next-big-ecommerce-driver.

32. http://welshco.com/resources-and-news/tips/pure-play-ecommerce-dying-mean-real-estate.

33. https://www.marketwatch.com/story/traditional-retailers-stumble-in-their-efforts-to-compete-with-amazon-2016-05-12.

34. https://www.theguardian.com/business/2016/jan/30/future-of-e-commerce-bricks-and-mortar.

35. https://www.theverge.com/2016/8/19/12537840/apple-store-rebranding.

36. https://www.bloomberg.com/news/articles/2017-01-09/alibaba-others-to-privatize-intime-for-up-to-hk-19-8-billion.

37. https://www.emarketer.com/Article/Worldwide-Retail-Ecommerce-Sales-Will-Reach-1915-Trillion-This-Year/1014369.

38. http://digiday.com/brands/mobile-commerce-going-2016/.

39. https://insidebigdata.com/2017/01/04/the-growth-of-artificial-intelligence-in-e-commerce/.

40. http://insidebigdata.com/2016/08/27/artificial-intelligence-shaking-things-up-in-e-commerce/.

41. https://www.forbes.com/sites/jenniferhicks/2016/09/23/artificial-intelligence-beats-a-path-to-ecommerce/#6079987912dc.

42. https://www.vox.com/new-money/2017/1/6/14186076/amazons-alexa-future-computing.

43. https://techcrunch.com/2016/12/23/amazon-launches-its-newest-private-label-wickedly-prime/.

写书是一件难事，创立公司更是难上加难。在同时做着这两件事的过程中，我真的非常荣幸能得到我们的员工、客户、投资者、顾问、朋友和家人提供的建议、支持和帮助。没有他们，这本书和我的公司 Content Analytics 都将无法成为现实。

帮助过我的人太多了，我没法在这里将他们的名字全部列出。我想对所有给予过我帮助的人说：谢谢你们！我在你们与 Content Analytics 的合作中学到了很多，我非常感谢你们愿意分享自己深厚的业务知识、深刻的见解和创造力。感谢马克·斯坦普斯（Mark Stamps）对本书的技术审核，还要感谢 Apress 出版社的团队，由于他们的努力让本书的出版成了现实。

我特别要感谢我美丽且善于鼓舞人心的妻子妮科尔（Nicole），感谢她对我的帮助和支持。

未来，属于终身学习者

我这辈子遇到的聪明人（来自各行各业的聪明人）没有不每天阅读的——没有，一个都没有。巴菲特读书之多，我读书之多，可能会让你感到吃惊。孩子们都笑话我。他们觉得我是一本长了两条腿的书。

——查理·芒格

互联网改变了信息连接的方式；指数型技术在迅速颠覆着现有的商业世界；人工智能已经开始抢占人类的工作岗位……

未来，到底需要什么样的人才？

改变命运唯一的策略是你要变成终身学习者。未来世界将不再需要单一的技能型人才，而是需要具备完善的知识结构、极强逻辑思考力和高感知力的复合型人才。优秀的人往往通过阅读建立足够强大的抽象思维能力，获得异于众人的思考和整合能力。未来，将属于终身学习者！而阅读必定和终身学习影形不离。

很多人读书，追求的是干货，寻求的是立刻行之有效的解决方案。其实这是一种留在舒适区的阅读方法。在这个充满不确定性的年代，答案不会简单地出现在书里，因为生活根本就没有标准确切的答案，你也不能期望过去的经验能解决未来的问题。

湛庐阅读APP：与最聪明的人共同进化

有人常常把成本支出的焦点放在书价上，把读完一本书当做阅读的终结。其实不然。

时间是读者付出的最大阅读成本
怎么读是读者面临的最大阅读障碍
"读书破万卷"不仅仅在"万"，更重要的是在"破"！

现在，我们构建了全新的"湛庐阅读"APP。它将成为你"破万卷"的新居所。在这里：

- 不用考虑读什么，你可以便捷找到纸书、有声书和各种声音产品；
- 你可以学会怎么读，你将发现集泛读、通读、精读于一体的阅读解决方案；
- 你会与作者、译者、专家、推荐人和阅读教练相遇，他们是优质思想的发源地；
- 你会与优秀的读者和终身学习者为伍，他们对阅读和学习有着持久的热情和源源不绝的内驱力。

从单一到复合，从知道到精通，从理解到创造，湛庐希望建立一个"与最聪明的人共同进化"的社区，成为人类先进思想交汇的聚集地，共同迎接未来。

与此同时，我们希望能够重新定义你的学习场景，让你随时随地收获有内容、有价值的思想，通过阅读实现终身学习。这是我们的使命和价值。

湛庐阅读APP玩转指南

湛庐阅读APP结构图:

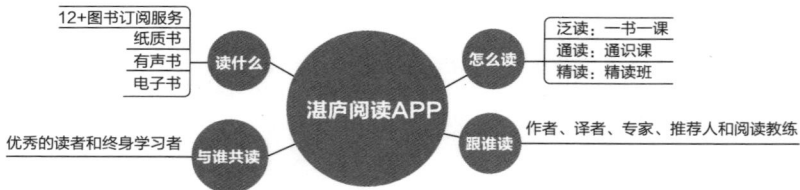

12+图书订阅服务
纸质书
有声书
电子书

读什么

泛读:一书一课
通读:通识课
精读:精读班

怎么读

湛庐阅读APP

优秀的读者和终身学习者 **与谁共读**

跟谁读 作者、译者、专家、推荐人和阅读教练

三步玩转湛庐阅读APP:

读一读 ▾

湛庐纸书一站买,
全年好书打包订

书城

听一听 ▾

泛读、通读、精读,
选取适合你的阅读方式

一书一课
精读班
通识课

扫一扫 ▾

买书、听书、讲书、
拆书服务,一键获取

扫一扫

即将上线

牛奶可乐经济学

精读班01:《社... 《牛奶可乐经... 精读班08...

每天免费听

每天免费听

有声书091:《百句人生,跨向...
有声书077:《用箱拿订单经典...
有声书064:《未来在等待的人才》

APP获取方式:
安卓用户前往各大应用市场、苹果用户前往APP Store
直接下载"湛庐阅读"APP,与最聪明的人共同进化!

使用APP扫一扫功能，
遇见书里书外更大的世界!

扫描结果页

千面英雄

作者：[美]约瑟夫·坎贝尔（Joseph Campbell）

内容简介

[内容简介]
● 约瑟夫·坎贝尔历尽多年搜索阅读了全球各地的神话与...

前往书城购买 >

快速了解本书内容，
湛庐千册图书一键购买!

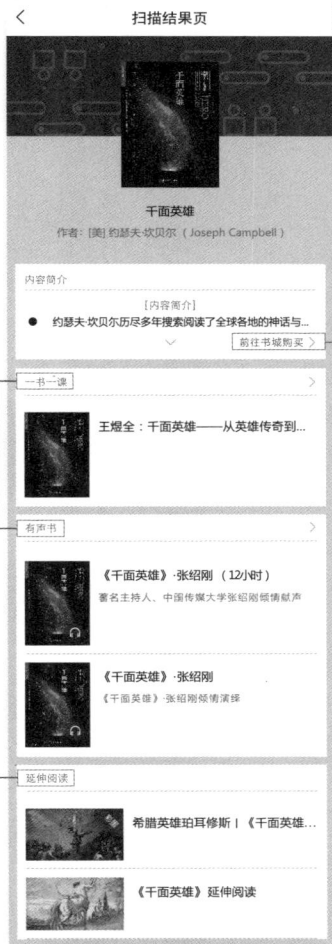

一书一课 >

王煜全：千面英雄——从英雄传奇到...

大咖优质课、
献声朗读全本一键了解，
为你读书、讲书、拆书!

有声书 >

《千面英雄》·张绍刚（12小时）
著名主持人、中国传媒大学张绍刚倾情献声

《千面英雄》·张绍刚
《千面英雄》张绍刚倾情演绎

你想知道的彩蛋
和本书更多知识、资讯，
尽在延伸阅读!

延伸阅读

希腊英雄珀耳修斯 |《千面英雄...

《千面英雄》延伸阅读

延伸阅读

大数据云图

◎ 亚马逊、谷歌、IBM、Facebook、LinkedIn ……
超过一百家大数据公司的商业法则深度解密。教
育、医疗、商业、设计、汽车 …… 十几个行业
的成功企业案例全面分享。

◎ 作者大卫·芬雷布被誉为"大数据商业应用的引
路人"。与同伴共同创建的 Big Data Group 公司，
为科技买家和供应商提供咨询服务，其中关注度
高的就是大数据云图。

使用"湛庐阅读"APP,
"扫一扫"获取本书更多精彩内容
ISBN 978-7-213-05842-4
9 787213 058424

新零售的未来

◎ 高瓴资本创始人兼 CEO 张磊，中国连锁经营协
会会长郭戈平专文推荐，混沌大学创始人李善友，
七匹狼实业股份公司副董事长周少明，盒马鲜生
创始人侯毅，海澜之家总裁周立宸联袂力荐。

◎ 弘章资本创始合伙人，深耕零售的资本企业家翁
怡诺诚意力作。剖析多家国际零售业巨头的商业
模式，洞察新零售的五大核心问题、三大发展趋
势与四大商业逻辑，勾勒新零售未来图景，揭秘
国际零售巨头进化之道。

使用"湛庐阅读"APP,
"扫一扫"获取本书更多精彩内容
ISBN 978-7-5596-1428-5
9 787559 614285

新零售时代三部曲

◎ 浙江大学经济学教授、跨学科社会科学研究中心
主任叶航，信息社会 50 人论坛轮值主席姜奇平，
中国零售业资深 IT 专家杨德宏，点我达产品专家、
知乎 30 万赞同答主刘飞，诺贝尔经济学奖获得者、
耶鲁大学经济学教授罗伯特·希勒，《怪诞行为
学》作者丹·艾瑞里，《稀缺》的合著者埃尔德·
沙菲尔等联袂推荐。

◎ "行为经济学之父"理查德·泰勒欣赏的合作搭
档、行为经济学加什洛莫·贝纳茨颠覆之作。为
什么在手机上购物让你买得更多？是什么影响我
们在屏幕上的决策？网络行为 × 行为经济学新
的研究成果，8 套自测题 +42 种实用工具，帮助
你在屏幕上做出更聪明的决策！

图书在版编目（CIP）数据

超级转化率 /（美）大卫·芬雷布著；吴攀译 . — 杭州：浙江
人民出版社，2018.7

书名原文：Bricks to Clicks

ISBN 978-7-213-08856-8

Ⅰ . ①超… Ⅱ . ①大… ②吴… Ⅲ . ①品牌营销 Ⅳ . ① F713.3

中国版本图书馆 CIP 数据核字（2018）第 161223 号

浙江省版权局
著作权合同登记章
图字：11-2018-308 号

上架指导：经营管理 / 电商运营

超级转化率

[美] 大卫·芬雷布　著

吴　攀　译

出版发行：浙江人民出版社（杭州体育场路 347 号　邮编　310006）

市场部电话：（0571）85061682　85176516

集团网址：浙江出版联合集团　http://www.zjcb.com

责任编辑：郦鸣枫

责任校对：戴文英　王欢燕

印　　刷：北京富达印务有限公司

开　　本：147mm ×210mm 1/32　　　　印　　张：9.25

字　　数：151 千字

版　　次：2018 年 7 月第 1 版　　　　印　　次：2018 年 7 月第 1 次印刷

书　　号：ISBN 978-7-213-08856-8

定　　价：62.90 元

如发现印装质量问题，影响阅读，请与市场部联系调换。